SCORPIO

Ervin Laszlo

Weltwende

Wie eine grüne Wirtschaft, neue Politik und ein höheres Bewusstsein die Zukunft gestalten

Mit einem Vorwort von Deepak Chopra und Michail Gorbatschow

Aus dem Englischen von Stephan Schumacher

SCORPIO

Original English Language Edition Published by Inner Traditions

Die deutsche Originalausgabe erschien 2010
unter dem Titel »Weltwende 2012« bei Scorpio.
Umschlaggestaltung und Motiv: David Hauptmann,
Hauptmann & Kompanie Werbeagentur, Zürich
Satz: BuchHaus Robert Gigler, München
Druck und Bindung: CPI – Clausen & Bosse, Leck
ISBN 978-3-942166-54-6

www.scorpio-verlag.de

INHALT

WELTWENDE 2012

ist das Handbuch des Club of Budapest für den zeitgerechten Bewusstseinswandel

Der Club of Budapest (www.clubofbudapest.org), der 1993 von Ervin Laszlo gegründet wurde, ist ein informeller internationaler Zusammenschluss von Menschen mit hohen ethischen Standards und moralischer Integrität, die sich der Entwicklung neuer Wege des Denkens und Handelns verpflichtet fühlen und die dazu beitragen wollen, die sozialen, politischen, wirtschaftlichen und ökologischen Probleme des 21. Jahrhunderts zu lösen. Über seine angesehenen Mitglieder und engagierten nationalen Sektionen, die in vielen Teilen der Welt aktiv sind, initiiert und fördert der Klub den Dialog zwischen verschiedenen Glaubenssystemen und Weltanschauungen, damit diese gemeinsam wirksame Strategien für ein verantwortungsbewusstes Handeln mit globaler Ausrichtung entwerfen können (siehe: www.worldshift2012.org).

Ehrenamtliche Mitglieder

ÓSCAR ARIAS SÁNCHEZ,
Präsident von Costa Rica und Nobelpreisträger

MIKLÓS JANCSÓ,
Filmregisseur

A. T. Ariyaratne,
buddhistischer spiritueller Führer

José Argüelles,
Anthropologe und spiritueller Führer

Thomas Berry,
Theologe und Naturwissenschaftler

Karlheinz Böhm,
Schauspieler und Sozialaktivist

Deepak Chopra,
Arzt und spiritueller Führer

Paulo Coelho,
Schriftsteller

Mihaly Csikszentmihalyi,
Psychologe

S.H. der 14. Dalai Lama,
spiritueller Führer und Nobelpreisträger

Ken-Ichiro Kobayashi,
Dirigent

Gidon Kremer,
Musiker

Hans Küng,
christlicher spiritueller Führer

Shu-hsien Liu,
chinesischer Philosoph

Éva Marton,
Opernsängerin

Zubin Mehta,
Dirigent

Edgar Mitchell,
Naturwissenschaftler und Astronaut

Edgar Morin,
Philosoph und Soziologe

Riane Eisler,
feministische Historikerin und Aktivistin

Vigdís Finnbogadóttir,
ehemalige Präsidentin von Island und Nobelpreisträgerin

Miloš Forman,
Filmregisseur

Peter Gabriel,
Musiker

Hans-Dietrich Genscher,
Ehemaliger deutscher Politiker

Jane Goodall,
Naturwissenschaftlerin

Rivka Golani,
Musikerin

Michail Gorbatschow,
Staatsmann und Meinungsbildner

Robert Muller,
Pädagoge und Aktivist

Gillo Pontecorvo,
Filmregisseur

Raffi (Raffi Cavoukian),
Sänger und Aktivist für Kinderrechte

Mary Robinson,
Politikerin und Menschenrechtsaktivistin

Peter Russell,
Philosoph und Futurist

Masami Saionji,
japanische spirituelle Führerin

Karan Singh,
hinduistischer spiritueller Führer

Rita Süssmuth,
Politikerin und Aktivistin

ÁRPÁD GÖNCZ,
Schriftsteller und Politiker

VÁCLAV HAVEL,
Schriftsteller und Staatsmann

HAZEL HENDERSON,
Ökonomin und Aktivistin

BIANCA JAGGER,
Aktivistin

SIR SIGMUND STERNBERG,
ökumenischer spiritueller Führer

DESMOND TUTU,
spiritueller Führer und Nobelpreisträger

LIV ULLMANN,
Schauspielerin und Regisseurin

MOHAMMAD YUNUS,
Ökonom und Nobelpreisträger

WELTWENDE:

Ein weltweiter Wandel
von einem nicht-zukunftsfähigen Pfad
des Konflikts und der Konfrontation
hin zu Zukunftsfähigkeit,
Wohlergehen und Frieden.[1]

---

1 Der international ebenfalls gebräuchliche Terminus ist WorldShift.

DIE WELTWENDE HAT BEGONNEN!

Vorwort zur Taschenbuchausgabe

»Weltwende 2012« bedeutet nicht, dass die Welt sich genau am Ende des Jahres 2012 verändern wird. Es bedeutet vielmehr, dass die Weltwende bis dahin einen Punkt erreichen wird, an dem es kein Zurück mehr gibt: ein Stadium, in dem sie tatsächlich unumkehrbar wird. Jüngste Ereignisse bestätigen, dass dieses Stadium nicht mehr fern ist. Es könnte – und wird wohl wahrscheinlich tatsächlich – am Ende des Jahres 2012 erreicht werden.

Jetzt, im Frühjahr 2011, hat die Weltwende begonnen. Noch ist sie nicht unumkehrbar, weil es Menschen gibt – größtenteils sind das Menschen, deren persönliche und politische Interessen mit der Aufrechterhaltung des Status quo verbunden sind –, die glauben, oder zu glauben vorgeben, dass der Status quo weiterhin aufrechterhalten werden kann. Sie versuchen, das bestehende System in der Wirtschafts- und Finanzwelt und in der Politik wieder zu stabilisieren, statt danach zu streben, es zu überwinden und ein System zu finden, in dem alle Menschen auf diesem kleinen und immer enger vernetzten Planeten, auf dem alle voneinander abhängig sind, in Frieden mit sich selbst und mit der Natur leben können.

Eine friedliche und zukunftsträchtige Welt wird nicht erreicht, solange man dem Prinzip »business as usual« (alles bleibt beim Alten) folgt. Um eine neue Welt zu schaffen, brauchen wir Innovation und Kreativität. Einstein hatte recht, als er sagte, wir können ein Problem nicht mit derselben Denkweise lösen, die zu diesem Problem geführt hat. Das Problem, mit dem wir heute konfrontiert sind, besteht darin, dass die Welt, so wie wir sie in den beiden vergangenen Jahrhunderten und insbesondere seit dem »Wirtschaftswunder« der Nachkriegszeit gestaltet haben, nicht mehr zukunftsfähig ist. Diese Situation hätte spätestens seit Mitte des 20. Jahrhunderts erkannt werden können, aber warnende Stimmen erhoben sich erst, als Rachel Carson ihre bahnbrechenden Studien in dem Sachbuch »Der stumme Frühling« (1962) herausgab und der Club of Rome den Bericht »Die Grenzen des Wachstums« (1972) veröffentlichte. Heute, im Jahr 2011, kann niemand mehr die mangelnde Zukunftsfähigkeit der von uns geschaffenen Welt bezweifeln – auch wenn diese Erkenntnis im praktischen Handeln noch ausgeblendet werden kann.

Doch parallel zur Gefahr dieser fehlenden Zukunftsfähigkeit unserer Erde entsteht die Chance des Wandels hin zu einer neuen Welt. Krise birgt, wie es das chinesische Wort Wie-Ji ausdrückt, sowohl Gefahr (Wie) als auch Chance (Ji). Die Gefahr wird immer offensichtlicher. Der Klimawandel, mit der Folge von immer häufigeren Dürren, gewaltigen Stürmen und einem Ansteigen des Meeresspiegels, bedroht das Wohlergehen und sogar das Überleben von Hunderten Millionen Menschen. Die Verschmutzung von Luft, Wasser und Land stellt weltweit eine bedenkliche Bedrohung dar und ebenso die Ausbreitung der Armut und die gewaltigen Migrationsbewegungen von Menschen, die einen Platz zum Leben oder gar nur zum Überleben suchen. Die vielen Tausend Migranten, die Lampedusa erreichen, die der afrikanischen Küste nächstgelegene Insel, sind die Vorboten eines wahren Tsunami von notleidenden Menschen. Diese Migrationsbewegung, die in Afrika ihren Ursprung hat, stellt eine soziale und ökonomische Bedrohung für Europa dar; die Migrationsbewegung, die von Lateinamerika ausgeht, stellt dieselbe Bedrohung für die Vereinigten Staaten von Amerika dar.

Die Katastrophe, die am 11. März 2011 in Japan begonnen hat, ist ein weiteres Indiz dafür, dass unsere Lebensführung auf diesem Planeten höchst störanfällig ist und wir sie verändern müssen. Die Bewegung der tektonischen Platten, an deren Nahtstellen Erdbeben entstehen, können wir nicht kontrollieren; aber wir können unsere Existenz so gestalten, dass solche und andere Naturereignisse keine katastrophalen Folgen haben. In Küstenregionen können wir uns auf das Ansteigen des Meeres vorbereiten, sowohl auf einen plötzlichen, gewaltigen Tsunami als auch auf ein langsameres, aber ebenso todbringendes, stetiges Ansteigen des Meeresspiegels, durch das die Wohnstätten überflutet und die Lebensgrundlage von Millionen Menschen zerstört wird. Wir könnten »anpassungsfähigere« Wohnformen und Produktionsstätten schaffen, indem wir dem Beispiel anderer Spezies folgen. Jede andere Lebensform ist auf eine relativ sichere und nachhaltige Weise in ihre natürliche Umgebung eingebettet; nur die menschliche Gesellschaft hat sich von ihrer natürlichen Umgebung und ihren natürlichen Ressourcen gelöst. Unsere Welt wird – in immer noch gigantischeren Ballungsgebieten – durch künstliche Energiequellen angetrieben: in urbanen und industriellen Megakomplexen, wie in Japan das Gebiet Tokio-Yokohama, die Region um Shanghai in China, São Paulo in Brasilien und New York/ New Jersey in den USA. Mit dem Erdbeben an der japanischen

Küste erinnert uns die Natur daran, dass solche künstlich geschaffenen Ballungszentren, auch wenn sie kurzfristig wirtschaftliche Vorteile bringen, grundsätzlich anfällig sind für unerwartete Veränderungen, seien es Naturkatastrophen, wie Erdbeben, Dürren, Fluten oder Hurrikane, oder Unruhen und Gewalt, die durch hungrige, arbeitslose und in ihrer Existenz bedrohte Menschenmassen ausgelöst werden.

Tatsache ist, dass unsere wirtschaftlich so erfolgreiche technisierte Zivilisation gleichwohl erstaunlich verwundbar ist. In unserem gemeinsamen Interesse müssen wir sie durch ein System ersetzen, das seinem Volk mehr Widerstandskraft und Zukunftsfähigkeit garantiert. Wir könnten diese Wende erreichen: Wir könnten auf den Ressourcen unserer natürlichen Umwelt und auf den natürlichen Gaben des Planeten aufbauen, statt von fremdartigen Substanzen abhängig zu sein, von industriell verarbeiteten Nahrungsmitteln und künstlichen Energiequellen.

Das Thema »Energie« ist nun infolge der Reaktorkatastrophe in Fukushima in dramatischer Weise in den Brennpunkt gerückt. Dieser Reaktorunfall führt uns deutlich vor Augen, dass nukleare Energie eine künstliche und fremdartige Energieform ist; sie kommt in der Biosphäre nicht vor (dagegen kommt sie in der Sonne und allen aktiven Sternen vor); die Abhängigkeit von dieser Energie ist gefährlich – sowohl im Hinblick auf Naturkatastrophen wie auch im Hinblick auf Unfälle, die auf menschliches »Versagen« zurückgehen.

Die Ereignisse, die den Mittleren und Fernen Osten erschüttern, stehen, so verschiedenartig sie oberflächlich betrachtet wirken mögen, doch in einem Zusammenhang. Sie sind eine Folge der Art und Weise, wie wir mit uns selbst und mit unserer Umwelt umgehen. Wir müssen neue Wege finden, um unser Leben und unsere Wirtschaft zu gestalten. Das ist dringend notwendig, weil die Gefahren bei einem Fortbestand des momentanen Systems immer größer werden; unsere Erde kann Verzögerungen immer weniger verkraften. Glücklicherweise wächst gleichzeitig die Chance, eine effektive Weltwende zu schaffen. Der Widerstand gegenüber einer Veränderung in der Wirtschaft und der Politik ist nicht mehr so stark; in der Gesellschaft als Ganzes wächst der Wille, Alternativen auszuprobieren. Überraschende Wahlergebnisse in Deutschland und anderswo und der Aufstand der unterdrückten Massen in den arabischen Staaten sind unmissverständliche Anzeichen, dass ein neues Denken auf dem Wege ist.

Nun muss sich unser Denken, müssen sich unsere Werte und unser Bestreben auf konkrete und praktikable Maßnahmen konzentrieren, um eine nachhaltige und friedliche Welt zu schaffen. Das bedeutet nicht nur, dass andere sich verändern sollen: Es bedeutet, dass wir selbst die Veränderung sind, die wir in der Welt sehen wollen. Es bedeutet, die Art von Bewusstsein zu entwickeln, das uns, wenn es sich weltweit verbreitet, in eine Welt führt, in der alle leben können und die wir mit gutem Gewissen unseren Kindern hinterlassen können.

Die Weltwende hat begonnen, sie befindet sich aber noch in einem frühen Stadium. Sie zeigt sich zögerlich und mag manchen Menschen als vorübergehendes Phänomen erscheinen. Doch bald kommt die Zeit, in der sie unumkehrbar wird. Es ist unsere vordringliche Aufgabe und unsere einzigartige historische Chance, selbst Teil des Wandels zu werden, der die bald unumkehrbare Weltwende in eine zukunftsfähige und humane Richtung führt.

1. April 2011

VORWORT

von Deepak Chopra

Wir leben bereits in zwei Welten. Die eine bewegt sich wie ein riesiger Luxusdampfer auf See voran, ihrem Kurs aus der Vergangenheit wie auch dem Gesetz der Massenträgheit folgend, während die andere sich ins Unbekannte aufmacht – wie ein Kind, das sich zum ersten Mal in den Wald vorwagt. Auf den Titelseiten der Zeitungen und in den Abendnachrichten des Fernsehens erhält die erste Welt den Löwenanteil der Aufmerksamkeit. Eine neue Krise eskaliert die bereits vorhandene Krise in Afrika oder dem Mittleren Osten. Eine neue humanitäre Katastrophe überschattet eine Gesellschaft in weiter Ferne. Ein Krieg folgt auf den anderen. Auch wenn diese Ereignisse sich immer wieder gleichen, sind sie doch der Stoff, aus dem die Weltnachrichten gemacht sind, wie sie uns von den Massenmedien präsentiert werden. Doch diese Welt, in der das Trägheitsmoment einen Wandel erschwert, täuscht. Jenseits der krisenorientierten Nachrichten ist eine neue Welt im Entstehen. In diesem Buch skizziert Ervin Laszlo diese neue Welt und ihre Verheißung – ich kenne niemanden anderen, der so gut auf dieses veränderte Dasein eingestimmt wäre wie er.

Die erste Welt erscheint wie eine solide, undurchdringliche Wand, hinter der sich die Menschen aber nicht mehr beschützt fühlen. Sie träumen von einem Bewusstseinswandel, von der Revolution, nach der wir nur noch verlangen müssen, damit sie beginnt. Materielle Ereignisse sind einzig eine äußere Manifestation von Bewusstsein. Würden wir allein der sich nicht verändernden Welt der Massenträgheit Beachtung schenken, so würden wir in einer Illusion leben. Im Mai 1980 ließen die jährlichen Aufmärsche des sowjetischen Militärs auf dem Roten Platz noch nicht erkennen, dass das kommunistische System bald zusammenbrechen würde. Armeen, Kriege, ökologische Katastrophen, ungezügelte Gier und Korruption, Wolkenkratzerstädte, die wie Pilze aus dem Boden schießen, eine Flut von Pestiziden und Umweltgiften, Ströme von heimatlos gewordenen Flüchtlingen, Diktaturen, die ungebremst Terror verbreiten, pandemische Krankheiten – auch all das ist Ergebnis unseres Bewusstseins, doch einer Art von Bewusstsein, das in eine Sackgasse geraten und nicht mehr in der Lage ist, sich aus dem Sumpf seiner selbst geschaffenen Probleme herauszuziehen.

Das Bewundernswerte an *Weltwende 2012* ist, dass dieses Buch uns direkt zur Diagnose führt und uns dann eine Lösung anbietet, der ebenfalls das Bewusstsein zugrunde liegt. Ervin Laszlo bringt hier eine kleine Gruppe hochkarätiger Denker zusammen, die begriffen haben, dass sich jegliche Erfahrung im Bewusstsein und nirgends sonst abspielt. Diese Einsicht bewahrt ihn vor der Fallgrube, eine Art von Materialismus an die Stelle einer anderen zu setzen. Jene Vertreter des rechten politischen Flügels, die versuchen, Gesellschaften, welche in ihren Traditionen noch keine Basis für eine Demokratie besitzen, ihre eigene Herrschaftsform aufzuzwingen, rennen mit ihren Köpfen gegen eine für sie unsichtbare Tatsache an: Was man selbst nicht versteht, das kann man auch nicht verändern. Die Vertreter des linken Flügels, die allein eine aus neuen Partnerschaften in Wirtschaft und Handel bestehende Globalisierung propagieren, übersehen wiederum die Tatsache, dass eine Amerikanisierung der Welt – die Einführung ungezügelten Konsumerismus in traditionellen Gesellschaften – sich als destruktiv erweisen kann, und zwar nicht nur für wertvolle kulturelle Traditionen, sondern für den ganzen Planeten. Nur ein Bewusstseinswandel kann die Welt vor den drohenden Gefahren bewahren, die letztlich im Bewusstsein wurzeln.

Zum Glück steht die zweite Welt – die Welt des zeitgerechten Wandels – bereit, die erste zu retten. Immer mehr Menschen beginnen, sich grundlegender Trends, die in diesem Buch so prägnant dargestellt werden, anzunehmen:

- Die Besitzlosen dieser Erde fangen an aufzustehen und werden sich in ihrem Streben nach Wohlstand nicht mehr unterdrücken lassen.
- Die natürlichen Ressourcen werden bald erschöpft sein, wenn die Menschheit zu keiner nachhaltigen Lebensweise in Einklang mit der Natur findet.
- Der Materialismus hat seinen historischen Gipfelpunkt erreicht und wird entweder zurückgehen oder sich durch eine zunehmende Zerstörung der Umwelt selbst vernichten.

Aus der Sicht der ersten Welt erscheinen diese Bedrohungen so beängstigend, dass die Reaktion der Regierungen darin besteht, einfach wegzusehen oder sich in Reformen zu ergehen, die kaum mehr als symbolischen Charakter besitzen. Aus der Sicht der zweiten Welt ist diese Lähmung staatlicher Entscheidungskraft nichts Verwunderliches, kann man doch von einer Politik, durch die die Erde ausgeplündert wurde und weiterhin wird, nicht erwarten, dass sie diese wirklich zu verändern vermag, indem sie etwas weniger oder noch mehr des Gleichen tut.

Zu den vielen äußerst überzeugenden Argumenten von Ervin Laszlo gehört, dass wir einer neuen Weise des Glücklichseins bedürfen. Für mich ist dies der profundeste und wesentlichste Punkt. Wenn eine amerikanische oder europäische Hausfrau mit dem Auto in den Supermarkt fährt, dort farbenprächtig verpackte Nahrungsmittel kauft, sogenannte Convenience-Produkte, zu Hause eine überquellende Mülltonne vor die Tür stellt und hemmungslos ein Insektizid in ihrem Garten versprüht, um die Blattläuse auf ihren Rosen zu vernichten, dann scheint keine dieser Handlungen sonderlich zerstörerisch zu sein. Sie macht einfach das, was wir alle in unserem Streben nach Glück üblicherweise tun. Doch ein Glück, das auf Müll, Umweltgiften, der Erschöpfung fossiler Brennstoffe und einem endlosen Konsum beruht – das Paradies also, dem wir alle seit Ende des Zweiten Weltkriegs nachjagen –, ist nicht nachhaltig. Und noch weniger zukunftsfähig ist eine massive militärische Aufrüstung, die dazu dient, 90 Prozent der Menschheit auszuschließen, damit die privilegierten zehn Prozent eine Weltanschauung propagieren können, die im Laufe der Zeit nur zu ihrer eigenen Vernichtung und der aller anderen Menschen führen kann.

Wenn wir das so betrachten, sieht unsere Zukunft ziemlich düster aus. Es ist deshalb eine große Erleichterung, zu sehen, dass dieses Handbuch für den bewussten Wandel über oberflächlichen Pessimismus oder Optimismus hinausgeht und uns den Weg zu einer neuen Weise des Glücklichseins weist. Ohne jeden Zweifel führt die unzeitgemäße Welt des Materialismus durch Umweltverschmutzung, Überbevölkerung und einen Mangel an nahrhaften Nahrungsmitteln und Wasser zu immer mehr Unglücklichsein: Ein beträchtlicher Teil der Weltbevölkerung bekommt diese Defizite bereits zu spüren. Zeitgerechter Wandel durch einen Bewusstseinswandel könnte ein neues Modell von Glück, das auf den Prinzipien des höheren Bewusstseins basiert, etablieren. Der indische spirituelle Meister Jiddu Krishnamurti, nicht gerade für seinen Leichtsinn bekannt, sagte zu Recht, dass ein Lebensstil, der über die einfachen Bedürfnisse eines bescheidenen Hauses, eines guten Essens, einiger passender Kleidungsstücke und anderer Notwendigkeiten hinausgeht, uns nicht glücklicher macht. Ganz im Gegenteil. Je mehr wir in Äußerlichkeiten unser Glück suchen, desto eher läuft unser Leben auf Langeweile, Stagnation und bittere Enttäuschung hinaus.

In *Weltwende 2012* geht es um eine äußere Welt, die auf innerer Verwirklichung aufbaut. Wie dieses Buch zeigt, ist eine solche Welt möglich, und sie wird in der Tat bereits im Herzen von Millionen von Menschen geboren. Die Titelseiten der Zeitungen und die Abendnachrichten im Fernsehen berichten noch nicht von diesem Wandel, aber Naturwissenschaftler und Philosophen wie Ervin Laszlo haben bereits die Fundamente gelegt, auf denen sich bald wundervolle gedankliche Bauwerke erheben können. Das höhere Bewusstsein, das sich seit Jahrhunderten in Menschen entwickelt, ist dabei, einen Garten der Hoffnung und der Verheißung zu gestalten.

VORWORT

von Michail Gorbatschow

Lieber Leser, dieses Handbuch für das 21. Jahrhundert spricht Sie ganz persönlich an. Es hat in der Tat eine Botschaft, die Sie und alle von uns angeht. Es wurde in der Hoffnung geschrieben, dass Sie es nicht nur lesen, sondern dass Sie seinen Inhalt auch bedenken werden. Und die Hoffnung geht zudem dahin, dass Sie die notwendigen Schlussfolgerungen ziehen werden – Ihre eigenen Schlussfolgerungen, für Ihre Familie, Ihre Freunde und alle Menschen, die Ihnen nahe stehen.

Warum hat Ervin Laszlo, der Autor dieses Buches – ein angesehener Wissenschaftler und Humanist und der Präsident des Club of Budapest –, diese spezielle Form gewählt, die Form einer Botschaft, die an jeden von uns, an seine Leser gerichtet ist?

Wo es um die Zukunft eines einzelnen Menschen geht oder um *einen* Aspekt der Welt, die uns im Alltagsleben umgibt, erkennen wir den Kern eines Problems im Allgemeinen ziemlich rasch und leicht. Wir sehen die Vorteile und Gefahren, ziehen Schlussfolgerungen und entscheiden uns für die Schritte, die wir unternehmen wollen. Das ist etwas ganz Natürliches, es entspricht unseren Gewohnheiten und ist Teil unseres alltäglichen Denkens und Verhaltens. Einem Menschen, der in einer komplexen Welt lebt, sagt der gesunde Menschenverstand, dass er darüber nachdenken muss, ob er sich den gegebenen Umständen anpassen oder versuchen will, sie zu verändern. Doch wenn wir uns Schwierigkeiten gegenübersehen, die die ganze Welt betreffen, das Schicksal der gesamten Menschheit, ist die Situation eine ganz andere. Wir sind es nicht gewohnt, mit Fragen dieser Größenordnung umzugehen. Es mag den Anschein haben, dass sie in weiter Ferne liegen, dass sie schon irgendwann und irgendwie eine Lösung finden werden, dass sich schon irgendjemand »da oben« darum kümmern wird. Warum wir selbst? Wir sind doch nur die kleinen Leute.

Dies ist der Grund, aus dem das Buch in Ihrer Hand, in dem es um globale, die ganze Welt betreffende Probleme geht, uns in klaren und logischen Worten anspricht und überzeugende Beweise ins Feld führt. Das macht uns die Aufgabe leichter. Die Aufgabe ist eine ganz einfache. Wir müssen den Dingen auf den Grund gehen, müssen die globalen Probleme verstehen, die uns durchaus nicht fremd sind. Es sind *unsere* Probleme. Sie wirken sich auf uns aus, und zwar nicht weniger als die ganz gewöhnlichen Alltagsschwierigkeiten es tun. Und es sind wir – jeder Einzelne von uns –, die diese Probleme nicht nur verstehen, sondern die auch Wesentliches zu ihrer Lösung beitragen können.

Was steht auf dem Spiel?

Tatsache ist, dass sich im Laufe der Zeit in allen Teilen der Welt eine ganze Pyramide unterschiedlicher Probleme angesammelt hat: soziale, politische, wirtschaftliche und kulturelle. In der Gesellschaft sind Widersprüche aufgetaucht – unterschiedliche Widersprüche in verschiedenen Gesellschaften, aber nichtsdestoweniger Widersprüche –, und sie haben zu Konflikten und Krisen geführt und sogar zu Kriegen. Die Beziehung zwischen dem Menschen und der Natur ist immer komplexer und belasteter geworden. Die Atmosphäre wurde vergiftet, Flüsse verseucht, Wälder wurden abgeholzt. Die Zahl der Widersprüche nimmt ständig zu, und sie werden immer tiefer. Die Symptome der Krankheit, an der unsere Gesellschaft leidet, sind unübersehbar geworden.

Auf unterschiedliche Weise haben wir alle in den verschiedenen Teilen der Welt unser Unbehagen über den Stand der Dinge zum Ausdruck gebracht, haben Veränderungen gefordert und fordern sie noch immer. Kommt Ihnen diese Geschichte nicht bekannt vor? Natürlich tut sie das.

Überall haben die Menschen begonnen, ihre Unzufriedenheit mit dem Status quo zu artikulieren und Erneuerungen zu fordern. Gewaltsame Bewegungen sind entstanden, von Streiks bis zu Unruhen. Unsere Gesellschaft ist in ein Stadium der Krise eingetreten. Doch wie wird diese bewältigt werden? Das ist schwer vorherzusagen. Die Krankheit unserer Gesellschaft betrifft jeden einzelnen Bürger, da sie allen Menschen Leid zu bringen droht. Das Endergebnis könnte durchaus eine Explosion sein, ein Blutbad, das niemand sich wünscht und das sich doch abrupt ereignet.

Ein anderer Ausweg

Gibt es einen Ausweg, einen Weg über die Krise hinaus? Das Buch in Ihrer Hand gibt eine Antwort: Ja, es existiert eine Alternative. Wir dürfen nicht warten, bis diese Krise den Umschlagpunkt erreicht hat. Wir müssen handeln! Jeder einzelne Mensch kann handeln. Wenn jeder seinen Beitrag leistet, können wir zusammen das vollbringen, was nottut. Wir können Einfluss nehmen auf diejenigen, die über die Politik und das Geschick unserer Gesellschaft entscheiden, und wir können sie dazu bringen, die notwendigen Veränderungen in die Wege zu leiten. Es geht nicht nur um Umstrukturierungen, um die konfliktreiche Situation zu bewältigen, sondern um einen grundlegenden Wandel, der uns den Weg zum Überleben weist, zu einer gesunden Entwicklung für Mensch und Natur und zu einer besseren Lebensqualität für alle. Das wäre unsere Rettung.

Die menschliche Gemeinschaft hat ein Stadium erreicht, in dem offensichtlich geworden ist, dass wir den Dingen nicht einfach ihren Lauf lassen dürfen. Es ist unabdingbar, dass wir eine Umkehr vollziehen, und zwar zum Nutzen der Menschheit. Uns allen ist bewusst, dass ein Wandel wirklich notwendig ist. Jetzt müssen wir uns darüber klar werden, was genau zu bewerkstelligen ist, damit wir das Schlimmste abwenden können, und wie wir dies umsetzen müssen. Dieses Buch wird uns helfen, die gegenwärtige Lage unseres Planeten einzuschätzen und den Pfad zu finden, den wir einschlagen müssen.

EINFÜHRUNG

Die Welt, die wir geschaffen haben, ist nicht zukunftsfähig. Wenn wir Wege finden, die schlimmsten Auswirkungen der gegenwärtigen Wirtschafts- und Finanzkrise abzumildern, so bedeutet das noch lange nicht, dass wir das Ende dieses Dilemmas – oder auch nur den Anfang von seinem Ende – erreicht haben. Wir sind erst am Ende seines Anfangs angelangt. Denn andere Krisen werden folgen – ökologische und demografische Krisen sowie solche, die durch die Verknappung der Ressourcen von Energie, Wasser und Bodenschätzen ausgelöst werden. Es sind dies Eskalationen, die alle Völker, alle Staaten und alle Bereiche unserer Gesellschaft betreffen werden. Ob wir uns dessen bewusst sind oder nicht – wir sind in ein Stadium eines globalen Notfalls eingetreten.

Eine solche globale Notsituation muss nicht Ursache für Pessimismus und Verzweiflung sein: Sie ist ein Aufruf zum Handeln. In einer Krise, sei sie nun lokal oder global, können viele Dinge geschehen – auch sehr konstruktive Dinge. Das Einzige, was in einer Krise nicht zulässig ist, das ist ein »Weitermachen wie bisher«. Dann würde sich die Krise in eine Katastrophe verwandeln.

Eine Krise verlangt nach einem grundlegenden Wandel,

nicht nach kosmetischen Korrekturen, nicht nach Stückwerk oder kurzfristigen Reparaturmaßnahmen. Sie verlangt nach einem fundamentalen, das ganze System erfassenden Wandel, nach einem *zeitgerechten Bewusstseinswandel.* Solch ein Wandel ist heute möglich, denn eine Krise lockert den Griff des Alten und erlaubt den Aufstieg von etwas Neuem. Im Herbst des Jahres 2008 hat die Finanzkrise einen konstruktiven Wandel in der Politik der Vereinigten Staaten von Amerika vorangetrieben, und neue Krisen können den positiven Wandel in Amerika und in anderen Teilen der Welt weiter beschleunigen.

Wie es auch *wei-ji*, das chinesische Wort für »Krise«, impliziert, bedeutet sie sowohl Gefahr als auch Chance. Wir müssen uns beider Aspekte bewusst sein.

Die Gefahr ist durchaus nicht unerheblich. Die Krise erschüttert und bedroht das Alte und Etablierte. Institutionen wie etwa große Banken gehen bei einer solchen von einem Tag auf den anderen bankrott; reiche Staaten kämpfen einen hoffnungslosen Kampf gegen eine immer größer werdende Schuldenlast; das gesamte Wirtschaftssystem droht zusammenzubrechen. Dazu kommt, dass neue wirtschaftliche Supermächte die Bühne betreten, und ihr Beharren auf konventionellen Formen des Wachstums könnte die Ressourcen des Planeten sowie sein Vermögen, den Müll zu absorbieren, überfordern.

Die Erde selbst ist von diesem Wandel nicht ausgeschlossen. Veränderte Niederschlagsmuster, schwere Stürme und länger andauernde Dürreperioden bedrohen riesige Landstriche, die Kornkammern von Hunderten von Millionen von Menschen. Die Atmosphäre heizt sich auf. Den Silvesterabend 2007 feierten die Russen ohne eine Spur von Eis oder Schnee auf dem Roten Platz; im Januar 2008 gingen New Yorker kurzärmelig im Central Park spazieren. Mitten in Grönland finden wir einen aufgetauten See von einer Größe, die sowohl den Michigansee, den Oberen See als auch den Eriesee umfasst, und von dem legendären Schnee auf dem Gipfel des Kilimandscharo bleibt auch nicht mehr viel übrig. Gigantische Eismassen rutschen vom antarktischen Schelfeis in den Ozean und lassen den Meeresspiegel weltweit ansteigen, sodass der Lebensraum von Millionen von Menschen bedroht ist und weite Flächen fruchtbaren Landes überflutet werden.

Die Klimaveränderung ist nur eine der vielen Gefahren, mit denen wir uns auseinandersetzen müssen, doch neben den finanziellen Zusammenbrüchen und den wirtschaftlichen Fluktuationen gehört diese Bedrohung zu den offensichtlichsten. Neben der Klimaveränderung und der Wirtschaft gibt es aber noch eine ganzen Reihe anderer »untragbarer« Faktoren: Armut, unmenschliche Lebensbedingungen, Hunger, Kriminalität, Terrorismus, Krieg und Intoleranz. Sie bringen Frustration und Auflehnung mit sich. Diese Gefahren sind zwar weniger offensichtlich, aber nicht weniger gravierend. Wenn wir keinen effektiven und zeitgerechten Wandel einleiten, wird das sich ausbreitende Chaos eine Katastrophe zur Folge haben. Eine solche kann zum Ende der Welt, wie wir sie kennen, führen und das Ende des Lebensrechts der Menschheit auf diesem Planeten bedeuten. Wir ändern uns entweder rechtzeitig – oder wir müssen die Konsequenzen tragen.

Doch die Gefahr eines Zusammenbruchs ist nur die eine Seite der gegenwärtigen Krise, Chance ist die andere. Jetzt, wo die Krise da ist, müssen wir die Chance, die sie bietet, ergreifen – es ist die Gelegenheit, uns bewusst und rechtzeitig zu verändern.

Bewusstseinswandel heißt unsere Chance. Ein stabiles System, sei es nun eine Gesellschaft oder ein ökologisches System, wandelt sich nicht so leicht. Es hält am Status quo fest. Ein System, das nicht nachhaltig ist, wird sich eher ändern, weil es sich ändern muss. Die Frage ist nur, wie es sich ändert – planlos, unter einer gefährlichen Belastung, oder bewusst, effektiv und rechtzeitig, um mehr Nachhaltigkeit zu erreichen sowie weniger krisenanfällige Umstände.

Bewusster Wandel könnte uns die Veränderungen bringen, die wir brauchen. Wir verfügen über alles, was dazu nötig ist. Uns stehen enorme und bisher nicht ausgeschöpfte Ressourcen zur Verfügung: menschliche, finanzielle und natürliche. Eine Vielfalt von Technologien wird entwickelt, um Energien und andere Ressourcen zu regenerieren, und besser informierte und verantwortungsbewusstere Politiker und Wirtschaftsführer kommen ans Ruder. Mehr und mehr Menschen werden sich der Notwendigkeit eines Wandels bewusst. An der vordersten Front der Wissenschaft werden ständig neue Einsichten in unsere Verbundenheit miteinander und mit der Natur gewonnen, und in Gemeinschaften des Friedens, der Nachhaltigkeit und der Verantwortung werden diese Einsichten zunehmend gelebt. Wir beginnen individuell und kollektiv – als bewusste Menschen und als bewusste Spezies – zu erwachen. Es muss nicht sein, dass wir uns auslöschen. Wir können uns transformieren.

Dies ist ein Handbuch des bewussten Wandels und des Bewusstseinswandels – einer Veränderung, die die Welt von heute vom Pfad einer sich vertiefenden Krise umlenkt zu einer Entwicklung, die der menschlichen Familie Frieden und Wohlergehen bringen kann. Das wäre ein epochaler Wandel, eine Weltwende. Sie herbeizuführen, ist machbar. Aber ob sie wirklich eintreten wird, ist noch nicht entschieden – das hängt davon ab, was wir heute in Gang setzen. Und das hängt wiederum von unseren Werten, unserer Ethik und unserem Bewusstsein ab.

ERSTER TEIL

Die Schicksalsentscheidung

Wir leben in einer seltsamen Welt und haben eine seltsame Einstellung zur Welt. Die Umwelt wird zerstört, das Klima verändert sich, doch die meisten von uns sind einzig und allein damit beschäftigt, Geld zu machen und ihre Privilegien zu sichern – wir schachern an Deck der untergehenden *Titanic* noch um unsere Positionen:

› In vielen Teilen der Welt gibt es eine Überproduktion von Nahrungsmitteln, aber mehr als eine Milliarde Menschen hungern, und alle sechs Sekunden stirbt ein Mensch an Unterernährung.
› Jährlich haben sechs Millionen Kinder keine Chance, das Erwachsenenalter zu erreichen, weil es ihnen an Essen fehlt, während 155 Millionen Menschen übergewichtig sind.
› Der Reichtum, den einige Hundert Milliardäre angehäuft haben, übersteigt das Einkommen von drei Milliarden Menschen (fast die Hälfte der Weltbevölkerung).
› Wir stehen vor gravierenden Problemen und einer Unmenge ungelöster Aufgaben, doch Millionen von Menschen sind arbeitslos.
› Die Probleme, mit denen wir konfrontiert sind, verlangen langfristige Lösungen, doch unser Kriterium für Erfolg ist das Ergebnis, das jährliche oder halbjährliche Berichte über Unternehmensgewinne oder Verluste unter dem Strich ausweisen.
› Wir horten Hochtechnologie-Waffen in unseren Arsenalen, die gefährlicher sind als die Konflikte, die damit bewältigt werden sollen.
› Wir kämpfen zwar gegen kulturelle Intoleranz und religiösen Fundamentalismus, aber wir waren oder sind immer noch bereit, uns unter dem Banner von Patriotismus und nationaler Sicherheit bösartigen Formen des Nationalismus zu verschreiben.

- Vierzig Minuten der Sonneneinstrahlung auf die Erde würden, wenn wir sie voll ausnutzen könnten, den gesamten Energiebedarf der Menschheit für ein Jahr decken; trotzdem bestehen wir darauf, noch den letzten Tropfen Mineralöl aus der Erde herauszupressen, obwohl das Fördermaximum bereits überschritten ist und dieser fossile Energieträger dazu beiträgt, unsere Atmosphäre zu verschmutzen.
- Es gibt Millionen intelligenter Frauen, die bereit sind, in der Gesellschaft Verantwortung zu übernehmen, doch wir geben ihnen in der Wirtschaft, der Erziehung und im zivilen Leben keine faire Chance.
- Wir sagen unseren Kindern, sie sollten sich an die »Goldene Regel« halten und andere Menschen so behandeln, wie sie selbst erwarten, von ihnen behandelt zu werden; aber wir behandeln andere Menschen, andere Staaten und andere Unternehmen nicht so, wie wir erwarten, dass andere Menschen, Staaten und Unternehmen uns behandeln.
- Wir züchten Unmengen fühlender Lebewesen zu dem einzigen Zweck, sie zu schlachten; eine Praxis, die ethisch äußerst fragwürdig ist, die große gesundheitliche Probleme mit sich bringt und enorme Mengen von Wasser und Getreide verschlingt.

Man könnte diese Liste fortführen und ein ganzes Buch damit füllen. Tatsache ist, dass unsere Welt weder rational gestaltet noch nachhaltig ist. Sie ist instabil, und die in ihr lebenden Menschen handeln unfair und neigen zur Gewalt. Und dieser Planet könnte schon bald noch wesentlich instabiler und die Menschen wesentlich unfairer und gewalttätiger werden. Wir täten gut daran, aufzuwachen und unser Haus in Ordnung zu bringen.

1 WAS WÜRDE GESCHEHEN, WENN …

Was *würde* denn geschehen, wenn wir die Dinge so weiterlaufen ließen, wie sie heute laufen? Und was *könnte* geschehen, wenn wir aufwachten und uns änderten?

Der Weg zum Zusammenbruch

Hier zuerst das wahrscheinliche »Alles wie gehabt«-Szenario:

- In der Art und Weise, wie wir auf dieser Welt Geschäfte machen, gibt es keinen wahren Wandel; die Ressourcen werden ausgebeutet, insbesondere um Energie zu produzieren. Dies führt einerseits zu einem größeren wirtschaftlichen Ungleichgewicht und zu Konflikten, andererseits zu einer Beschleunigung der Erderwärmung und des Klimawandels.
- In einigen Regionen hat die Aufheizung der Atmosphäre eine fatale Dürre zur Folge, in anderen kommt es dadurch zu verheerenden Stürmen und Missernten. Da die antarktischen Gletscher schmelzen, rutschen gigantische Eismassen vom Festlandsockel in den Ozean, wodurch Städte und Dörfer und fruchtbares Ackerland überflutet werden. Hunderte von Millionen von Menschen werden angesichts dieser Entwicklung heimatlos und stehen vor dem Hungertod.

- In großen Scharen strömen verzweifelte Migranten aus den Küstenlandschaften und den inländischen Gebieten, in denen ein Mangel an Nahrungsmitteln und Wasser herrscht, in die Regionen, wo die Grundbedürfnisse noch befriedigt werden können. Die Migranten überfordern jedoch die menschlichen und natürlichen Ressourcen der Länder, die sie aufnehmen, und erzeugen Konflikte mit der lokalen Bevölkerung. Internationale Hilfsprogramme können zwar Lebensmittel und andere existenziell wichtige Dinge für Tausende von Menschen bereitstellen, sind aber gegenüber der Not von Millionen machtlos.
- In dem vergeblichen Versuch, sich gegen die Einwanderungsflut mittelloser Menschen zu stemmen, baut Indien seine Mauer entlang der Grenze zu Bangladesch aus, die Vereinigten Staaten verstärken die Mauer entlang der mexikanischen Grenze, und sowohl Italien als auch Spanien bauen Mauern, um ihre nördlichen Regionen gegen die von Migranten überlaufenen südlichen Regionen abzuschotten.
- Die Weltbevölkerung zerfällt in verzweifelte Massen, denen akuter Hunger und Krankheit drohen, sowie Staaten und Wirtschaftsräume, die ebenso verzweifelt versuchen, sich selbst zu schützen. Die Konflikte erzeugen untrag-bare Belastungen für die internationalen Beziehungen: Überregionale soziale und wirtschaftliche Gemeinschaften sowie politische Bündnisse brechen auseinander. Die Beziehungen zwischen den Vereinigten Staaten und ihren südlichen Nachbarn, zwischen den nördlichen Staaten der Europäischen Union und den Mittelmeerländern und zwischen Indien und China und den stark betroffenen südostasiatischen Staaten gehen in die Brüche.

- Die globalen Rüstungsausgaben steigen exponentiell an, weil Regierungen der Meinung sind, ihre Territorien schützen und ein gewisses Maß an Ordnung sichern zu müssen. Autoritäre Regime kommen in den traditionellen Krisenregionen an die Macht, und zwischen Staaten und Bevölkerungsgruppen, die an den Rand des Überlebens gedrängt werden, brechen Kriege um Nahrungsmittel und Wasser aus.
- Terroristische Gruppen, Atomwaffenhändler, Drogenkartelle und das organisierte Verbrechen formen Allianzen mit skrupellosen Unternehmern, die zu exorbitanten Preisen Waffen, Drogen und lebensnotwendige Güter liefern. Regierungen führen Krieg gegen Terroristen und greifen Länder an, die unter Verdacht stehen, ihnen Unterschlupf zu gewähren; die gefangenen und getöteten Terroristen werden jedoch durch eine immer größere Anzahl neuer Terroristen ersetzt.
- Die Falken in den Regierungen und die Rüstungslobbyisten drängen auf den Einsatz von immer schwererer Waffen, um ihre Länder und Interessen zu verteidigen. Regionale Kriege, die anfangs mit konventionellen Waffen geführt wurden, eskalieren zu Kriegen, in denen Massenvernichtungswaffen eingesetzt werden.
- Die Umwelt, deren Vitalität und deren lebenswichtiger Wärmehaushalt beeinträchtigt sind, vermag nur noch für einen Bruchteil der Erdbevölkerung ausreichend Lebensmittel und Wasser zur Verfügung zu stellen. Die über die kritische Grenze hinaus weltweit destabilisierten wirtschaftlichen, sozialen und politischen Systeme brechen zusammen – und Chaos und Gewalt überziehen die Völker und Staaten auf den fünf Kontinenten.

Der Weg zum Durchbruch

Das »Alles wie gehabt«-Szenario ist nicht das einzige, das uns offen steht: Wir könnten uns auch ändern. Hier ist ein mögliches Szenario des rechtzeitigen Wandels:

- Die Bedrohung durch Terrorismus und Krieg zusammen mit wachsender Armut und der zunehmenden Zerstörung der Umwelt führen bei vielen Menschen zu der Einsicht, dass die Zeit für einen Wandel gekommen ist. In einem Land nach dem anderen bilden sich anfangs kleine, aber bald schnell wachsende Gruppierungen, die sich verbünden, um sich den Gefahren der Krise zu stellen und die Gelegenheit zum Wandel, die die Krise bietet, zu ergreifen.
- Der Aufstieg von Bewegungen, die nach Nachhaltigkeit und Frieden streben, führt dazu, dass Persönlichkeiten gewählt werden, die eine Politik der wirtschaftlichen Kooperation und der sozialen Solidarität sowie damit verbundene Projekte vorantreiben. Vorausschauende Staaten beobachten die gefährlichen Entwicklungen und stellen finanzielle Mittel für die dringend benötigten wirtschaftlichen, ökologischen und humanitären Initiativen zur Verfügung.
- Nichtregierungsorganisationen (NGOs) verbinden sich miteinander mit dem Ziel, Regionen, die von Umweltzerstörung betroffen sind, zu einem neuen Aufschwung zu verhelfen. Notfallfonds werden für Länder und Regionen eingerichtet, die von langen Dürreperioden, heftigen Stürmen, Überschwemmungen und Missernten betroffen sind.
- Die Rüstungsausgaben werden reduziert und in einigen Ländern ganz abgeschafft; die daraus resultierende »Friedensdividende« fließt in die verstärkte Erzeugung von Grundnahrungsmitteln, sauberem Wasser, in eine Grund-

versorgung mit Energie, in notwendige sanitäre Einrichtungen und in die Gesundheitsfürsorge für bedürftige Bevölkerungsgruppen.

› Ein Land nach dem anderen geht bei der Energieversorgung von fossilen Brennstoffen zu alternativen Brennstoffen über. Der Ausstoß von Treibhausgasen in die Atmosphäre wird reduziert – und damit die globale Erwärmung verlangsamt. Ein weit gespanntes Netzwerk von erneuerbaren Energien wird eingerichtet; es trägt zur Produktion von Nahrungsmitteln bei, zur Entsalzung und Filterung von Meerwasser und hilft ins Abseits gedrängten Bevölkerungsschichten, sich aus dem Teufelskreis der Armut zu befreien.
› Führende Wirtschaftsunternehmen gehen ab von der klassischen Strategie des Strebens nach Profitmaximierung und Wachstum und handeln stattdessen mit sozialer und ökologischer Verantwortlichkeit. Auf Initiative aufgeklärter Manager wird eine sich auf freiwilliger Basis selbst regulierende soziale Marktwirtschaft gefördert, die die volle Unterstützung der neu gewählten politischen Führungskräfte erhält, die sozial und ökologisch verantwortlich denken und handeln.
› Während die neuen Energiesysteme und die sich selbst regulierende Soziale Marktwirtschaft ihre erste Erfolge verzeichnen, wird das Gleichgewicht der Natur nicht weiter massiv beeinträchtigt, und in der Biosphäre setzt ein Selbstheilungsprozess ein.
› Allen Ländern wird Zugang zu den wirtschaftlichen Aktivitäten, zu technologischen und finanziellen Ressourcen gewährleistet. Frustration, Unmut, Feindseligkeit und Misstrauen weichen einem Geist der Kooperation – dadurch wird die Kreativität einer neuen Generation regional han-

delnder und global denkender Bürger freigesetzt. Die Menschheit begibt sich auf den Weg zu einer friedlichen und zukunftsfähigen Zivilisation, in der Vielfalt und gemeinschaftliches Agieren vorherrschen.

2
WARUM WIR ZEITGERECHTEN WANDEL BRAUCHEN

So ist die Welt nicht zukunftsfähig

Der Grund, warum wir uns ändern müssen, sollte inzwischen klar sein: Die Welt, die wir geschaffen haben, ist strukturell und chronisch nicht nachhaltig, wobei dies keineswegs so bleiben muss. Doch worin liegen die Wurzeln dieses Mangels an Nachhaltigkeit?

Es ist nicht schwer zu verstehen, was mit »nicht zukunftsfähig« oder »nicht nachhaltig« gemeint ist: ein Prozess oder Zustand, der in dieser aktuellen Form nicht fortdauern kann, wenn es zu keinem Wandel kommt. Entweder die Dinge ändern sich oder die bisherigen Zerstörungen haben einen Zusammenbruch zur Folge. Die Situation auf unserem Planeten ist mit der des Zauberlehrlings in dem gleichnamigen Gedicht von Goethe vergleichbar: Wir haben Umstände geschaffen, über die wir keine Kontrolle mehr besitzen. Oder wir sind wie der junge Aladin aus den *Märchen aus 1001 Nacht*: Wir haben den Geist aus der Lampe befreit, aber dieser dirigiert nun unser Leben. Wenn wir uns nicht rechtzeitig ändern, dann dirigiert er es nicht nur, sondern er wird es ruinieren.

Wir müssen wieder die Kontrolle übernehmen. Das verlangt

nach Wandel, wobei dieser keineswegs oberflächlich und planlos sein sollte. Es geht um einen bewusstem Wandel insbesondere jener Umstände und Bedingungen, die dafür sorgen, dass unsere gegenwärtige Situation nichtnachhaltig ist.

Um bewussten Wandel herbeiführen zu können, müssen wir uns mit den Gründen für die offensichtliche Nichtnachhaltigkeit auseinandersetzen. Hier besteht die Gefahr einer großen Vereinfachung. In den meisten Fällen wird nur eine Ursache für die Nichtnachhaltigkeit in Betracht gezogen, und die untragbaren Umstände werden ganz diesem einen Grund zugeschrieben. So heißt es zum Beispiel oft, das Klima sei die Wurzel des Problems. Die globale Erwärmung und deren Begleiterscheinungen seien Schuld an der Nichtnachhaltigkeit. Dann wieder wird die Armut als singuläre Erklärung herangezogen. Weil diese sich immer mehr ausbreite, komme es zum Zusammenbruch von Gesellschaften, da Hungersnöte und Elend zu Frustration und Hass führen würden, zu Terrorismus und anderen Formen organisierter Gewalt. Andere Deutungsversuche führen die Knappheit von Wasser an, zurückgehende Ernteerträge, die Verstädterung, die Arbeitslosigkeit oder den Energiepreis.

Der Mangel an Nachhaltigkeit hat aber nicht nur eine Ursache; das anzunehmen wäre nicht nur ein Fehler, es wäre ein folgenschwerer Irrtum. Denn dann würde man sich nur auf eine Ursache konzentrieren, die anderen würden unter den Tisch fallen.

Nichtnachhaltigkeit ist ein systemisches Phänomen, und folglich kann man diesen Missstand nur verstehen, wenn man ihn in einen systemischen Zusammenhang stellt. Ist die Ausgewogenheit eines komplexen Systems – wie etwa der menschlichen Gesellschaft oder der Umwelt – beeinträchtigt, dann sind Lösungsversuche, die sich auf einen Faktor beschränken, zum

Scheitern verurteilt. Wie in der ganzheitlichen Heilkunde muss der Zustand des Menschen in seiner Gesamtheit in Betracht gezogen werden. Das ist keine leichte Aufgabe, aber es ist keineswegs unmöglich. Wollen wir die Angelegenheit einer mangelnden Nachhaltigkeit, an der unsere heutige Welt leidet, in dieser Weise angehen, dann müssen wir zuerst nach ihren systemischen Wurzeln forschen.

Wollten wir alle einzelnen Stränge nicht zukunftsfähiger Entwicklungen in der Welt aufzählen, so wäre dazu ein Buch vom Umfang einer Enzyklopädie. Doch es gibt handhabbarere Alternativen. Es genügt, wenn wir uns erst einmal nur die Cluster solcher Fehlentwicklungen ansehen und untersuchen, wie die Elemente, die zu solchen Strukturen führen, zusammenhängen und wie die einzelnen Cluster miteinander in Wechselwirkung stehen.

Wir beginnen mit dem Cluster der Nichtnachhaltigkeit in der Ökologie und betrachten dann weiter die Wirtschaft und die Gesellschaft.

Nichtnachhaltigkeit in der Ökologie

Die Art und Weise, wie wir die Umwelt ausbeuten, ist im Wesentlichen nichtnachhaltig. Nach Aussage des früheren Stellvertretenden UN-Generalsekretärs Robert Muller gehen auf dieser Erde in jeder Minute über dreizehn Hektar tropischen Regenwalds verloren, fünfzig Tonnen fruchtbaren Ackerbodens werden erodiert und 12 000 Tonnen Kohlendioxid werden in die Atmosphäre ausgestoßen. In jeder Stunde werden über vierhundert Hektar fruchtbaren Trockenlands zur Wüste, und an jedem Tag gehen in der nördlichen Hemisphäre 250000 Tonnen Schwefelsäure als saurer Regen nieder. Schätzungsweise werden jährlich 100 000 chemische Verbindungen in den Erdboden in Flüsse und Meere eingebracht, Millionen Tonnen von Abwasserschlamm und Feststoffabfall werden in die Ozeane verklappt und Milliarden Tonnen von CO_2 werden in die Atmosphäre ausgestoßen:

Wasser: Die Nichtnachhaltigkeit betrifft besonders dieses Element. Die Menge an verfügbarem Süßwasser nimmt rapide ab. Mehr als der Hälfte der Weltbevölkerung droht Wasserknappheit. Durchschnittlich sechstausend Kinder sterben täglich an Durchfallerkrankungen, die durch verschmutztes Wasser verursacht wurden.

In der Vergangenheit reichten die verfügbaren Süßwasserreserven unseres Planeten aus, um den Bedarf der Menschheit zu decken. Noch 1950 gab es für jeden damals lebenden Menschen eine potenzielle Reserve von fast 17000 Kubikmeter Süßwasser. Seither ist die Rate der Wasserentnahme auf das Doppelte der Rate des Bevölkerungswachstums gestiegen, sodass im Jahr 1999 die Weltwasserreserve pro Kopf auf 7300 Kubikmeter zurückgegangen war. Hält der gegenwärtige Trend an, dann werden 2025 nur noch 4800 Kubikmeter pro Kopf zur Verfügung stehen. Diese Menge könnte, in Kombination mit einer Ungleichheit der Zugangsmöglichkeit zu den Wasserreserven in vielen Teilen der Welt, zu schwerwiegenden gesundheitlichen Gefahren führen.

Schon heute hat etwa ein Drittel der Weltbevölkerung unzureichenden Zugang zu Trinkwasser, und 2025 werden zwei Drittel der Weltbevölkerung unter Bedingungen bedrohlicher Wasserknappheit leben. Während in Europa und den Vereinigten Staaten im Vergleich zu 1950 pro Kopf noch die Hälfte der Wasserreserven zur Verfügung stehen wird, geht man in bestimmten Ländern Asiens und Lateinamerikas nur von einem Viertel aus. Am schwersten trifft es Studien zufolge die Menschen in Afrika, im Mittleren Osten und in Süd- und Zentralasien, wo die verfügbaren Wasserreserven kaum 1700 Kubikmeter pro Person betragen könnten.

Landwirtschaft: Die fortschreitende Reduzierung von Ackerland ist eine weitere bedrohliche Entwicklung. Die Ernährungs- und Landwirtschaftsorganisation der Vereinten Nationen (Food and Agriculture Organization, FAO) schätzt, dass auf globaler Ebene rund 1,8 Millionen Hektar hochwertigen Ackerlandes zur Verfügung stehen, davon 71 Prozent in den Ent-wicklungsländern. Diese Menge nimmt ständig ab, und zwar aufgrund von Bodenerosion, Destrukturierung, Bodenverarmung, übermäßiger Austrocknung, einer Ansammlung toxischer Salze sowie einer anorganischen und organischen Verschmutzung durch kommunale und Industrieabwässer.

Dieser Trend lässt in einigen Teilen der Welt eine schwerwiegende Verknappung der Nahrungsmittel erwarten. Die Bevölkerung Chinas ist fünfmal so groß wie die Vereinigten Staaten, aber die Volksrepublik verfügt nur über ein Zehntel der Anbaufläche der USA. In China werden 24 Prozent der Weltbevölkerung von nur sieben Prozent der global genutzten landwirtschaftlichen Flächen ernährt, und dieser kleine Prozentsatz nimmt noch ab. Durch die Ausbreitung der Städte und den Bau von Straßen und Fabriken sind in China bereits etwas weniger als zehn Millionen Hektar Anbaufläche für nichtlandwirtschaftliche Zwecke nutzbar gemacht worden. Von den verbleibenden 60 Millionen Hektar ist ein Zehntel stark schadstoffbelastet, ein Drittel leidet unter Wasserknappheit und Erosion, ein Fünfzehntel ist stark salzhaltig und fast vier Prozent sind Trockenland, das bald zur Wüste werden wird.

Weltweit gehen jährlich drei bis vier Millionen Hektar Ackerland verloren. Setzt sich dieser Prozess fort, werden es Mitte des Jahrhunderts über 180 Millionen Hektar sein, sodass nur noch 1,7 Milliarden Morgen Ackerland übrig bleiben, um acht bis neun Milliarden Menschen zu ernähren. Das wäre eine katastrophale Entwicklung, da die 0,2 Hektar fruchtbaren Landes, die dann noch auf eine einzelne Person kommen würden, gerade das Existenzminimum an Nahrungsmitteln hervorbringen könnten. Tatsächlich sind die Perspektiven weitaus schlechter, da von der antarktischen Landmasse riesige Eismengen in die Ozeane gleiten, was einen rapiden Anstieg des Meeresspiegels befürchten lässt. Küstenregionen würden in der Folge überflutet werden, und Hunderte von Millionen Menschen wären ihres Lebensraums beraubt, einschließlich ihres Ackerlandes und ihrer Süßwasserreserven.

Luft: Die Art und Weise, wie wir die Atmosphäre verschmutzen, ist ebenfalls nicht nachhaltig. Die Menge an Atemluft, die alle Organismen auf der Erde zusammengenommen brauchen, ist verschwindend klein in Relation zur Größe der Atmosphäre, die den Planeten umgibt. Aber auch hier ist alles eine Frage der Qualität und nicht der Quantität. Verschmutzte Luft mit einem unzureichenden Anteil an Sauerstoff nützt uns wenig. Und Tatsache ist, dass der Sauerstoffgehalt der Atmosphäre abnimmt, während der von Kohlendioxid und anderen Treibhausgasen stetig steigt.

Seit der Mitte des 19. Jahrhunderts verringerte sich der Sauerstoffanteil hauptsächlich durch das Verbrennen von Kohle; er ist heute weltweit auf 19 Prozent gesunken, über stark betroffenen Gebieten sogar auf 12 bis 17 Prozent. Wenn sechs bis sieben Prozent erreicht werden, gibt es kein Leben mehr. Zweihundert Jahre Verbrennung fossiler Brennstoffe und Abholzung weiter Waldflächen haben den Kohlendioxidgehalt der Atmosphäre von 280 Promille auf mehr als 350 Promille ansteigen lassen, und der CO_2-Gehalt nimmt seitdem, wie gesagt, rapide zu.

Emissionen aus Industrie und Verkehr tun ihr Übriges dazu. In Sibirien beginnt eine Permafrostregion von einer Million Quadratkilometern – das entspricht der Fläche von Deutschland und Frankreich –, zum ersten Mal seit ihrer Entstehung am Ende der letzten Eiszeit vor 11 000 Jahren aufzutauen. Russische Forscher haben festgestellt, dass diese Gegend, die bis vor Kurzem eine Ödnis gefrorenen Torfes war, sich in eine durchbrochene Landschaft von Morast und Seen verwandelt, mit einem Durchmesser von über tausend Kilometern. Dieses Gebiet ist das größte Torfmoor der Welt und hat seit seiner Entstehung Methangas produziert. Allerdings war die größte Menge dieses Gases unter dem Dauerfrost eingeschlossen; sie wird jetzt freigesetzt.

Globale Erwärmung und Klimawandel: Veränderungen in der Zusammensetzung der Erdatmosphäre erzeugen den Treibhauseffekt, insbesondere durch eine bestimmte Konzentration von Wasserdampf, Kohlenstoffdioxid, Methan und Ozon. Das Phänomen der globalen Erwärmung ist heute eine nicht mehr anzuzweifelnde Tatsache: In den vergangenen Jahren ist die Temperatur weltweit deutlich angestiegen, und das Tempo der Erderwärmung nimmt zu. Klimamodelle zeigen, dass selbst geringfügige Veränderungen in der Atmosphäre zu massiven Auswirkungen führen können, unter anderem zu Missernten,

Wasserknappheit, einer schnelleren Ausbreitung von Krankheiten, einem Anstieg des Meeresspiegels und einem Absterben großer Waldflächen.

Instabile Wetterverhältnisse, die von wärmeren Luftmassen herbeigeführt werden, haben bereits großen Schaden angerichtet. 2004 wurden auf den Philippinen 669 Menschen durch Stürme getötet und 695 wurden als vermisst gemeldet. Im folgenden Jahr kamen durch den Hurrikan »Katrina« in und um New Orleans 1800 Menschen ums Leben, es entstanden Schäden, die auf 81 Milliarden Dollar geschätzt werden. 2007 wurden die durch einen außergewöhnlich heftigen Monsunregen verursachten Überschwemmungen in Indien, Bangladesch, Nepal und Bhutan als die schwersten in der Geschichte dieser Länder bezeichnet; zweitausend Menschen starben dabei, und dreißig Millionen Menschen verloren ihre Behausung. Im selben Jahr führten Hitzewellen in Griechenland zu Waldbränden, bei denen mehr als achtzig Menschen umkamen, europaweit gab es insgesamt 3418 Todesfälle durch Hitze. Anfang 2009 wurden die Küstenregionen Frankreichs wiederholt von orkanartigen Stürmen heimgesucht, und ein noch nie dagewesener Feuersturm hatte in Südostaustralien verheerende Auswirkungen. In den kommenden Jahren ist davon auszugehen, dass über den Britischen Inseln und der Nordsee eine Zunahme von Sturmtiefs zu registrieren sein wird, die durch ihre Stärke in ganz Europa vielen Menschen das Leben kosten und zu einer Abnahme landwirtschaftlicher Produktivität führen werden.

Die einzelnen Ursachen der globalen Erwärmung sind noch umstritten. Ist sie von menschlichen Aktivitäten verursacht oder hat sie natürliche Gründe? Es hat in der Geschichte unseres Planeten schon andere Perioden der Erderwärmung gegeben; die Geologen sprechen dabei von »Warmzeiten« und »Kaltzeiten«. Die am besten erforschte Warmzeit aus Vorzeiten setzte vor fünfundfünfzig Millionen Jahren ein. Damals wurden ein bis zwei Terratonnen Kohlendioxid in die Atmosphäre freigesetzt, sehr wahrscheinlich ausgelöst durch den Einschlag eines großen Meteoriten. Damit einher ging ein Temperaturanstieg von 8 Grad Celsius in den arktischen Zonen und 5 Grad in den Tropen. Es brauchte etwa 200 000 Jahre, bis die Erdatmosphäre wieder ihren früheren Zustand erreichte.

Manche Experten behaupten, die heutige Erwärmung habe hauptsächlich natürliche Ursachen und werde durch menschliche Aktivitäten höchstens noch verstärkt. Ein neuer Zyklus im Fusionsprozess, der die Hitze in der Sonne erzeugt, führe zu einer verstärkten Sonneneinstrahlung auf der Erde und heize deshalb die Atmosphäre auf. Unglücklicherweise sind dieselben Wissenschaftler, die die globale Erwärmung weitgehend der Sonnenaktivität zuschreiben, der Meinung, dass es nicht nötig sei, deshalb etwas zu unternehmen – denn was könne man schon machen, um die Prozesse in der Sonne zu beeinflussen? Das ist jedoch ein fataler Fehler. Wir können zwar nichts an den Vorgängen in der Sonne ändern, aber wir können deren Auswirkungen auf die Erde abmildern. Und in dieser Hinsicht tätig zu werden, ist notwendig, ganz gleich, ob die Erderwärmung, die wir verzeichnen, nun allein von der Sonne verursacht wird oder ob sie eine von Menschen hervorgerufene Komponente hat. Tatsache bleibt, dass die globale Erwärmung zu einem Klimawandel führt und eine ökologische Belastung ist, die die Chancen der Weltbevölkerung auf Wohlergehen verringert.

Heute haben CO_2, Methan und andere Treibhausgase einen historischen Höchststand erreicht. Allein im 20. Jahrhundert haben wir eine ganze Terratonne Kohlendioxid in die Atmosphäre ausgestoßen, und gegenwärtig kommt in weniger als zwei Jahrzehnten eine weitere Terratonne hinzu. Das Problem ist aber nicht nur die Menge des in die Atmosphäre freigesetzten CO_2, sondern die Geschwindigkeit, mit der das passiert. In der Wärmeperiode vor fünfundfünfzig Millionen Jahren wurde das mit der Erhöhung der Erdtemperatur in Zusammenhang stehende CO_2 über einen Zeitraum von 10000 Jahren freigesetzt. Heute geschieht das in wenigen Jahrzehnten, und zwar bei einer ähnlichen Menge.

Die rapide Zunahme von Kohlendioxid macht es den Ökosystemen der Erde unmöglich, sich langsam dieser Veränderung anzupassen. Steigt die CO_2-Konzentration in der Erdatmosphäre, müssen auch die Weltmeere mehr Kohlendioxid aufnehmen. Durch die Zunahme des Säuregehalts werden die Riffs zerstört, die Lebensgrundlage für viele Schalentiere, die die Basis der Nahrungskette in den Ozeanen darstellen. Der Säuregehalt des Meerwassers hat bereits um 30 Prozent zugenommen und wird sich bis zum Ende des Jahrhunderts wahrscheinlich verdreifachen. An Land wird die Absorption von Kohlendioxid durch die Zerstörung von Ökosystemen (insbesondere von Wäldern) reduziert, die früher für ein stabiles Klima gesorgt haben. Diese sind heute aufgrund von saurem Regen, der Ausbreitung von Städten und Giftstoffemissionen bereits um 40 Prozent reduziert worden.

Einige der einmal ausgelösten Prozesse sind selbstverstärkend. Wegen der wärmeren Atmosphäre schmilzt das Eis an den Polen. Messungen zeigen, dass die Temperaturen in der westlichen Arktis so hoch sind wie seit vierhundert Jahren nicht mehr. Wenn sich dieser Trend fortsetzt, wird der arktische Ozean bereits lange vor Ende dieses Jahrhunderts eisfrei, das Sommereis könnte bereits 2013 verschwunden sein. Dadurch wird die globale Erwärmung weiterhin beschleunigt, denn die eisfreie Wasseroberfläche absorbiert mehr Sonnenstrahlung als die Sommereisdecke. In der Folge schmilzt noch mehr Eis. Dieser Prozess macht sich auch am Südpol bemerkbar. Weil die Eisschmelze schneller zunimmt als der Schneefall, verändert die kontinentale Eisdecke an immer mehr Stellen ihre Farbe, wird dunkler und nimmt aus diesem Grund mehr Wärme auf. Ganze Gletscher gleiten vom Inlandschelf ab, sodass ihr Volumen um rund ein Viertel zurückgeht – und was zu dem bereits erwähnten weltweiten Anstieg des Meeresspiegels führt.

Die Freisetzung von Methan aus dem westsibirischen Torfmoor ist ein ähnlicher Rückkoppelungsprozess. Das Auftauen des Permafrostbodens verwandelt die Eisdecke in Wasser und beschleunigt damit das weitere Auftauen – was wiederum die Freisetzung von Methan erhöht. Das Torfmoor könnte bis zu 70 Milliarden Tonnen dieses Gases enthalten, ein Viertel dessen, was weltweit in den Böden gespeichert ist. Berechnungen zufolge können hierdurch jährlich 700 Millionen Tonnen CO_2 in die Atmosphäre gelangen, etwa die Menge, die von aus allen Feuchtgebieten und sämtlichen landwirtschaftlichen Flächen weltweit freigesetzt wird. Das würde den Gasanteil in der Atmosphäre verdoppeln – und damit eine zehn- bis fünfundzwanzigprozentige Zunahme der globalen Erwärmung bedeuten.

Lange Dürreperioden stellen beim Klimawandel die größte Gefahr für das menschliche Überleben dar, weil hierdurch die globale Nahrungsmittelproduktion verringert wird. Dies ist weltweit ein Problem. Kalifornien steht vor der schlimmsten Trockenzeit seiner Geschichte; Tausende Hektar von in Reihen angebauten Feldfrüchten sind bereits verdorrt. Die durchschnittliche Schneedecke in der Nördlichen Sierra, die eine der wichtigsten Wasserreservoirs des Bundesstaats ausmacht, hat nur 49 Prozent des Normalwerts. In Texas erreicht die Dürre ebenfalls ein bedenkliches Ausmaß; in der Nähe von Austin und San Antonio hat es bisher nur einmal, nämlich von 1917 bis 1918, einen größeren Mangel an Niederschlägen gegeben.

Die schlimmste Dürrekatastrophe seit einem halben Jahrhundert hat einst fruchtbare Ackerböden Argentiniens in Staub verwandelt und einen Notstand hervorgerufen. Für 2009 wird der Weizenertrag auf 8,7 Millionen Tonnen geschätzt, im Vergleich zu 16,3 Millionen Tonnen im Vorjahr. Brasilien – der weltweit zweitgrößte Exporteur von Sojabohnen und der drittgrößte von Mais – hat im selben Jahr seine Prognose für den Ertrag dieser Feldfrüchte unter Berücksichtigung der Ernteschäden durch mangelnde Niederschläge reduziert.

Das nördliche China hat die schlimmste Trockenperiode seit fünfzig Jahren erlebt. Das führt für 4,37 Millionen Menschen und 2,1 Millionen Nutztiere zu einer enormen Wasserknappheit. Die chinesische Regierung hat 2009 auf die Impfung von Wolken mit Silberiodid zurückgegriffen, um künstlichen Regen zu erzeugen. Dafür stellte sie 86,7 Milliarden Yuan (etwa 9,4 Milliarden Euro) für die von Dürre betroffenen Landstriche zur Verfügung. Australien erfährt bereits seit 2004 eine extreme Trockenheit. Etwa 41 Prozent der Landwirtschaft sind von der schlimmsten Dürre seit Beginn der schriftlichen Aufzeichnungen dieses fünften Kontinents vor 117 Jahren betroffen. Die verheerenden Brände von Februar 2009 waren zwar einerseits zum Teil auf Brandstiftung zurückzuführen, andererseits aber auch eine Konsequenz fehlenden Regens in diesen Landstrichen.

In den von Trockenheit betroffenen Regionen des Mittleren Ostens und Zentralasiens nahm die Produktion von Weizen 2009 um mehr als 22 Prozent ab. Wichtige Wasserreserven in der Türkei, im Iran, Irak und in Syrien sind auf einem äußerst niedrigen Stand, der allgemeine Grundwasserpegel und der von Flüssen ist in einem kritischen Maße zurückgegangen, sodass die Bewässerung von Ackerflächen gefährdet ist. In Europa, der einzigen bedeutenden landwirtschaftlichen Region, die nicht von einer längeren Dürrezeit betroffen ist, könnten die Ernteträge jedoch aufgrund anderer Faktoren – späte Aussaat, verarmte Böden, schwächer werdende Regenfälle – zurückgehen.

Besorgniserregend sind die Lagerbestände der wichtigsten nahrungsmittelexportierenden Länder – Australien, Kanada, die Vereinigten Staaten sowie die Europäische Union –, sie sind kontinuierlich gesunken. Zwischen 2002 und 2005 betrugen die Bestände an Lebensmitteln 47,4 Millionen Tonnen, 2007 sanken sie auf 37,6 Millionen und 2008 auf 27,4 Millionen Tonnen. Auf diesem Niveau reichen die Reserven nicht aus, um den Importbedarf von Regionen, die unter Dürre und anderen Formen des Klimawandels leiden, zu decken.

Die einst übertrieben klingende Einschätzung über den ökologischen Zustand unseres Planeten durch den englischen Biophysiker James Lovelock bewahrheitet sich heute immer mehr: »Ich sehe für die Zukunft apokalyptische Verhältnisse voraus«, schrieb er, »da ich sechs bis acht Milliarden Menschen von einer Abnahme der Versorgung mit Nahrungsmitteln und Wasser bei einem zunehmend unerträglichen Klima bedroht sehe.«[2]

Nichtnachhaltigkeit in der Wirtschaft

Der Begriff »Ökonomie« bezeichnet ursprünglich die »Verteilung der Ressourcen für den Haushalt« (vom Griechischen *oikonomia*, das sich aus den Wörtern *oikos* = »Haushalt« und

2 Siehe James Lovelock: *Gaias Rache. Warum die Erde sich wehrt.* Berlin 2007.

nemein = »verteilen« zusammensetzt). Die globale Ökonomie oder Wirtschaft ist also das System einer Verteilung von Ressourcen des gesamten menschlichen Haushalts. Diese Wirtschaft, das ist nicht verwunderlich, steht nun vor einer schweren Krise:

Die übermäßige Ausbeutung von Ressourcen: Die Nachfrage der Menschheit nach Ressourcen beginnt größer zu werden als das globale Angebot. Das hat es bisher noch nicht gegeben. Auch wenn lokale Ressourcen gelegentlich übermäßig ausgebeutet wurden – der heute aride Mittlere Osten war zu biblischer Zeit als »Fruchtbarer Halbmond« bekannt, und die Iberische Halbinsel war im frühen Mittelalter eine grüne Region –, konnten die Menschen doch fremde Territorien erobern und damit neue Ressourcen finden. In unserer Zeit existieren keine unberührten Regionen mehr, die wir nutzbar machen könnten. In den sechs Jahrzehnten seit Ende des Zweiten Weltkriegs hat die Menschheit mehr von den Ressourcen dieser Erde verbraucht als während der gesamten vorangegangenen Geschichte.

Der Konsum kommt immer näher an seine Grenzen. Die Förderung von Öl, der Fischfang und das Abholzen von Bäumen haben ihren möglichen Höhepunkt bereits überschritten. 40 Prozent der Korallenriffe der Welt sind zerstört oder vom Absterben bedroht, jährlich gehen etwa sechs Millionen Hektar Wald verloren. Die Ökologen sprechen von *»peak water«*, womit sie zum Ausdruck bringen wollen, dass die Verfügbarkeit von Wasser für den menschlichen Gebrauch abnehmen wird und die Kosten dafür ansteigen werden.

Dabei ist die Bevölkerungszahl an sich nicht das Problem, vielmehr besteht es im Pro-Kopf-Verbrauch der Ressourcen.

Nach dem vierten »Ausblick auf die globale Umwelt« (Global Environmental Outlook, GEO-40, Oktober 2007) des Umweltprogramms der Vereinten Nationen (UNEP), beträgt der gegenwärtige durchschnittliche Ressourcenbedarf an Fläche etwa 3,92 Hektar pro Person. (Tatsächlich variiert der Bedarf beträchtlich: Er reicht von 1,23 Hektar in den ärmsten Ländern wie etwa Bangladesch bis zu 25,5 Hektar in den Vereinigten Staaten und den ölfördernden arabischen Staaten.) Es ist jedoch so, dass die Menge an Land, die die menschlichen Bedürfnisse nachhaltig befriedigen könnte, also der »Erdanteil« jeder Frau, jedes Mannes und jedes Kindes, 4,2 bis 1,85 Hektar beträgt.

Das Problem der notwendigen Reduzierung des globalen Durchschnitts von 3,92 Hektar auf den nachhaltigen Erdanteil von 1,85 Hektar wird durch das schnelle Bevölkerungswachstum noch verstärkt. Die Weltbevölkerung ist von etwa fünf Milliarden vor zweiundzwanzig Jahren auf heute beinahe sieben Milliarden angewachsen. Da das verfügbare Land gleich geblieben ist – und es durch Versiegelung und Erosion der Böden sogar noch abnimmt –, sank der Umfang der tatsächlichen Nutzungsfläche noch mehr. Nur die optimale Verwendung jedes einzelnen Quadratmeters an Land kann die Grundbedürfnisse der Menschheit nachhaltig befriedigen.

Die Nichtnachhaltigkeit des Finanzsystems: Die Instabilität des globalen Finanzsystems ist eines der wichtigsten Elemente im Cluster der ökonomischen Nichtnachhaltigkeiten. Seine Instabilität ist im Laufe der Jahre immer größer geworden, doch bis zur Finanzkrise von 2008 war sie über die Kreise der Nationalökonomen und Analysten hinaus nicht bekannt. Jene, die unmittelbar darum wussten, waren diejenigen, die davon profitiert haben. Sie haben es unterlassen, entschlossen die Schritte zu unternehmen, die es gebraucht hätte, um das System zu ändern: Sie hofften einzig darauf, dass es sie immer noch reicher machen würde.

Das bereits labile System der Weltwirtschaft wurde durch das Platzen zweitklassiger amerikanischer Kredite schwer erschüttert. Dies hatte seine Ursachen in der niedrigen Zinsrate der US-Notenbank, die dazu gedacht war, die Nachwirkungen der vorausgegangenen Fehlspekulationen der Dotcom-Blase aufzufangen. Die niedrigen Zinsen führten zu einem beispiellosen und weitgehend unerwarteten Boom auf dem Immobilienmarkt der USA. Häuser wurden zu immer höheren Preisen verkauft, was zu immer höheren Profiten für die Banken, die Makler und den gesamten Finanzsektor führte.

Als die Zahl der Menschen, die es sich leisten konnten, Häuser zu den überhöhten Preisen zu erwerben, abnahm, wurden – um Marktanteile zu halten – raffinierte Hypothekenkonstrukte erdacht, die es Leuten, die sich den Kauf von Immobilien nicht wirklich leisten konnten, auch weiterhin ermöglichten, Häuser zu erstehen. Hypotheken wurden zu verlockenden Zinsraten angeboten, wobei die Kreditgeber sie später nach oben anpassen konnten. Man ließ zu, dass die Kreditnehmer beim Ausfüllen der Anträge die Unwahrheit über ihre wahre finanzielle Situation sagten, und ermutigte solches Verhalten in manchen Fällen sogar. Die Geldgeber wussten, dass viele Menschen ihre Kredite nicht würden zurückzahlen können, aber sie fuhren fort, potenzielle Käufer dazu zu verführen, die Hypothekenverträge zu unterzeichnen, weil sich damit Profit machen ließ.

Diese kurzfristigen Strategien mussten irgendwann zum Zusammenbruch führen. Als das schließlich geschah, bewirkte dies fast augenblicklich einen Verlust von mehr als zwei Millionen Arbeitsplätzen allein in den Vereinigten Staaten. Weltweit führte dieser Crash zum größten Geldverlust, den es jemals außerhalb eines großen Krieges gegeben hat, nämlich 2,8 Billiarden Dollar. Rechnet man die Verluste auf den Aktienmärkten der Welt hinzu, dann belaufen sich die Kosten der Krise nach Aussage der Bank of England auf astronomische 26 Billiarden Dollar.

Die strukturelle Instabilität des weltweiten Finanzsystems reicht jedoch tiefer als die Erzeugung und das Platzen spekulativer Blasen. Diese Instabilität beruht auch auf dem unverantwortlichen Streben nach kurzzeitigen Gewinnen ohne Rücksicht auf die langfristigen Konsequenzen, und das impliziert die Handelsbilanz der großen Akteure auf dem Weltmarkt. Während der vergangenen Jahrzehnte haben die Vereinigten Staaten enorme Schulden zur Finanzierung ihres ungezügelten nationalen Konsums angehäuft. Der Importüberschuss hat zu einem riesigen Handelsbilanzdefizit mit China und anderen asiatischen Staaten geführt. Diese Länder haben insgesamt mehr exportiert als importiert und konnten dadurch große Handelsbilanzüberschüsse verbuchen. Gegenwärtig finanzieren die Zentralbanken einiger asiatischer Volkswirtschaften den Ausgabenüberschuss der USA, aber sie suchen nach Wegen, sich aus der Abhängigkeit von der amerikanischen Finanzpolitik zu befreien. In dem vom Internationalen Währungsfonds herausgegebenen Economic Outlook (»Konjunkturausblick«) hieß es bereits 2005, es sei keine Frage mehr, ob die Volkswirtschaften der Welt sich anpassen werden, sondern nur, wie dies vonstatten gehen soll. Würde einfach nur mehr Geld in das System gepumpt, ohne dass es zu einer grundlegenden strukturellen Reform käme, würde die Anpassung sich »abrupt« vollziehen, mit gefährlichen Konsequenzen für den weltweiten Handel, die wirtschaftliche Entwicklung und die internationale Sicherheit.

Mit der Finanzkrise 2008 ist es bereits zu einem abrupten Wandel gekommen, der das Wirtschafts- und Finanzsystem der ganzen Welt betroffen hat. Wie dieses System sich verändern wird, um den völligen Crash zu vermeiden, lässt sich noch nicht absehen, aber es ist bereits klar, dass es nie mehr dasselbe sein wird.

Nichtnachhaltigkeit in der Gesellschaft

Wir wollen jetzt das Cluster der Nichtnachhaltigkeiten in der Gesellschaft betrachten:

Die Kluft zwischen Arm und Reich: Es gibt weltweit etwa achthundert Milliardäre, im Jahr 2008 kamen allein in den USA 178 hinzu, obwohl es noch vor fünfzig Jahren keinen einzigen gab. 80 Prozent des weltweiten Inlandsprodukts gehören heute einer Milliarde Menschen, während fast sechs Milliarden Menschen sich die verbleibenden 20 Prozent teilen.

Die Armut hat in absoluten Zahlen nicht nachgelassen. Von den fast sieben Milliarden Menschen, die heute auf der Erde leben, verdienen nach Schätzung der Weltbank 1,4 Milliarden weniger als 1,25 Dollar am Tag und weitere 1,6 Milliarden weniger als 2,5 Dollar. In den ärmsten Ländern der Erde sind 78 Prozent der städtischen Bevölkerung mit lebensbedrohlichen Umständen konfrontiert. Einer von drei Stadtbewohnern lebt in Slums, Wellblechsiedlungen, in urbanen Ghettos, und mehr als neunhundert Millionen sind offiziell als Slumbewohner klassifiziert.

Die Bevölkerung der armen Länder wächst. Wenn die gegenwärtigen Trends sich fortsetzen, werden Mitte des 21. Jahrhunderts mehr als 90 Prozent der Weltbevölkerung in den weniger entwickelten Ländern leben. Sind es heute achthundert Millionen Menschen, so werden es 2050 1,7 Milliarden sein. In Afghanistan, Burkina Faso, Burundi, Tschad, Kongo, Timor, Guinea-Bissau, Liberia, Mali, Niger und Uganda wird sich die Bevölkerung verdreifachen. In der gleichen Zeit wird die der industrialisierten Staaten schrumpfen oder gleich bleiben.

Die wachsende Kluft zwischen den Reichen und den Armen ist eine der Hauptursachen für die fehlende Nachhaltigkeit in der Welt. Diese Kluft ist nicht nur wirtschaftliche Statistik, sie ist eine gefährliche soziale Realität. Einerseits wird das Leben der Armen degradiert, etwa indem man ihre Überlebenschancen verringert, andererseits werden Reichtümer angehäuft, die alles, was ein Mensch zur Deckung seiner wahren Bedürfnisse jemals verbrauchen könnte, bei Weitem überschreiten.

Armut ist nicht allein darauf zurückzuführen, dass die Ressourcen der Welt nicht ausreichen. Sie beruht einfach auf einem fehlerhaften Funktionieren des Systems, das diese verarbeitet und verteilt. Bei besserer Nutzung und besserer Distribution könnten alle Völker einen annehmbaren Lebensstandard erreichen. Die Landwirtschaft und der Handel könnten sich gerechter entwickeln, und jeder Menschen könnte die 1800 bis 3000 Kalorien täglich erhalten, die für ein gesundes Leben nötig sind. Gegenwärtig verschwenden die Menschen in Nordamerika, Westeuropa und Japan 140 Prozent ihres täglichen Kalorienbedarfs, während die Bevölkerung in Ländern wie Madagaskar, Guyana und Laos mit 70 Prozent ihres Bedarfs auskommen müssen.

Auch die gegenwärtigen Perspektiven beim Energieverbrauch spiegeln die Reich-Arm-Polarisierung wider. Der durchschnittliche Energieverbrauch von Afrikanern liegt bei einer halben Kilowattstunde pro Person, bei Asiaten und Lateinamerikanern sind es zwei bis drei Kilowattstunden, und Amerikaner, Europäer, Australier und Japaner kommen auf acht Kilowattstunden. Ein US-Bürger verbrennt durchschnittlich fünf Tonnen fossiler Brennstoffe pro Jahr, ein deutscher dagegen nur 2,9 Tonnen.

Der Energieverbrauch korreliert mit der Luftverschmutzung. Ein amerikanischer Haushalt produziert etwa 67,5 Kilogramm CO_2 am Tag; das ist zweimal so viel wie bei einem europäischen Haushalt und fünfmal so viel wie der weltweite Durchschnitt. Mithin: Ein Bürger der Vereinigten Staaten belastet die Umwelt doppelt so stark wie ein Schwede, dreimal so viel wie ein Italiener, dreizehnmal mehr als ein Brasilianer und fünfunddreißigmal mehr als ein Inder. Ganz zu schweigen von einem Haitianer: Er trägt zur Umweltzerstörung zweihundertachtzigmal weniger als ein US-Bürger bei. Diese Bedingungen polarisieren die Bevölkerung auf unserem Planeten. Sie schüren Verbitterung und Feindseligkeit und bringen Gewalt hervor. Sie sind aus humanitärer Sicht unerträglich und sozial gesehen nicht zukunftsfähig.

Der Zusammenbruch sozialer Strukturen: Überall auf der Welt brechen die sozialen Strukturen ein. Frustrierte und an den Rand gedrängte Teile der Bevölkerung verzweifeln und werden aggressiv. Ethnische und religiöse Gruppen stehen sich mit wachsender Feindseligkeit und Intoleranz gegenüber. Außer in den Vereinigten Staaten, wo die Wahl von Barack Obama zum Präsidenten eine neue Welle der Hoffnung hervorgebracht hat, ist die politische Führung dem Mainstream der Bevölkerung entfremdet und genießt kein Vertrauen. Dasselbe gilt für die Welt des Big Business und der Hochfinanz. Das Unbehagen und die Unzufriedenheit wachsen, und diejenigen, die sich gegen das herrschende System stellen, werden zunehmend radikaler.

In den armen Ländern zerstört das Ringen um das wirtschaftliche Überleben die traditionelle Großfamilie. Frauen werden ausgenutzt, indem man ihnen niedere Arbeiten für eine sehr geringe Entlohnung gibt. Weniger Frauen als jemals zuvor haben eine bezahlte Tätigkeit, und immer mehr sind gezwungen, im »informellen Bereich« über die Runden zu kommen. Da sie bei ihrer Suche nach Arbeit vielfach für längere Zeit ihr Zuhause verlassen müssen, bricht die Armut sogar die Kernfamilie auseinander.

Den Kindern geht es sogar noch schlechter. Nach der Internationalen Arbeitsorganisation (ILO), einer Sonderorganisation der Vereinten Nationen, arbeiten hauptsächlich in Afrika, Asien und Lateinamerika fünfzig Millionen Kinder für einen Hungerlohn in Fabriken, Minen und in der Landwirtschaft. Mehr und mehr sind Kinder und Jugendliche den Gefahren eines Lebens auf der Straße ausgeliefert, wenn sie sich dort als »selbstständige Händler« durchschlagen wollen – was ein Euphemismus für Kinder und Jugendliche ist, die nichts anderes als Bettler sind.

Aber auch in den reichen Ländern brechen die sozialen Strukturen auseinander. Die Sicherheit des Arbeitsplatzes ist Vergangenheit, der Wettbewerb wird intensiver, die Schere zwischen Armen und Reichen klafft immer weiter auseinander. Da die Menschen verstärkt unter Stress leiden, ist das Familienleben auch in den wohlhabenden Ländern beeinträchtigt. In den USA liegt die Rate der ersten Ehen, die in einer Scheidung enden, bei 50 Prozent, und etwa 40 Prozent der Kinder wachsen, zumindest für einen Teil ihrer Kindheit, bei einem alleinerziehenden Elternteil auf. Weniger als 50 Prozent der amerikanischen Ehepaare leben zurzeit mit einem Kind unter einem Dach; immer mehr Menschen finden eher außerhalb statt innerhalb ihrer Familie Befriedigung und Gemeinschaft. Das ist besonders dann der Fall, wenn die Kinder »das Nest verlassen haben«. Häufig suchen Ehepartner dann Erfüllung in einer neuen Beziehung, statt die kinderlose Situation neu zu strukturieren.

Viele Funktionen des Familienlebens werden heute von Interessengruppen übernommen. Die Kindererziehung wird immer mehr kommunalen oder firmeneigenen Kindergärten oder -tagesstätten überlassen. Zu Hause wird kaum noch gekocht, dafür gibt es ja Supermärkte mit einem reichlichen Angebot an Fertiggerichten und zudem unzählige Fast-Food-Ketten. Selbst die Freizeitaktivitäten werden immer stärker durch Marketing- und PR-Kampagnen kommerzieller Unternehmen beeinflusst.

Familien nehmen kaum noch zusammen eine Mahlzeit ein, und wenn sie es tun, steht wahrscheinlich der Fernseher im Mittelpunkt des Interesses. Der Medienkonsum der Kinder nimmt zu, die Zeit, die sie vor dem Computer sitzen und sich mit Videospielen beschäftigen, liegt bei zwei bis drei Stunden am Tag. Oft sind sie dabei »nicht jugendfreien« Inhalten ausgesetzt, und wie Untersuchungen gezeigt haben, korrespondiert dies mit einem gewalttätigen und sexuell ausbeuterischen Verhalten. Jugendliche werden von Gleichaltrigen zu immer freizügigerem sexuellem Verhalten herausgefordert, und unverbindliche Begegnungen bei einem One-Night-Stand werden als normal angesehen, während der Aufbau tiefer emotionaler Beziehungen zu einem Sexualpartner als altmodisch gilt.

Ein chinesisches Sprichwort warnt: »Wenn wir die Richtung nicht ändern, werden wir genau dort enden, worauf wir abzielen.« In unserer ökologisch, wirtschaftlich und sozial nichtnachhaltigen Welt wäre das katastrophal.

3
DER 2012-HORIZONT

Wie viel Zeit bleibt zum »rechtzeitigen Wandel«?

Wir brauchen einen tief greifenden Wandel: Diese Welt ist nicht zukunftsfähig. Aber wie viel Zeit bleibt uns für den Wandel? Nicht viel. Das Zeitfenster schließt sich schneller, als irgendjemand vermutet hätte. Dafür gibt es zwei Gründe. Der eine ist die unerwartete Beschleunigung der gegenwärtigen Trends, der andere besteht in den weitgehend übersehenen, aber ausschlaggebenden Rückkoppelungen und Wechselwirkungen zwischen den einzelnen Entwicklungen.

Unerwartete Beschleunigung

Die gegenwärtigen Trends laufen unerwartet schnell auf einen Umschlagpunkt zu. Dementsprechend fallen die Schätzungen für den Zeitraum, der uns bleibt, bis wir den Umkehrgrenzpunkt erreichen, also den Punkt, ab dem es kein Zurück mehr gibt, immer kurzfristiger aus. Erst sprach man vom Ende dieses Jahrhunderts, dann von der Mitte, schließlich blieben die nächsten zwanzig Jahre übrig, und am Ende hieß es, der Zeitraum würde sich auf die kommenden fünf bis zwanzig Jahren begrenzen. Das hat besonders mit den folgengenden Trends zu tun:

- Der Meeresspiegel ist weltweit eineinhalbmal schneller angestiegen als noch 2001 im Dritten Sachstandsbericht des »Regierungsübergreifenden Gremiums für Klimawandel« (Intergovernmental Penal on Climate Change, IPCC) vorausgesagt wurde. Vorhersagen, die Ende 2008 publiziert wurden, sprechen von einem Anstieg des Meeresspiegels, der mehr als das Doppelte von 0,59 Meter beträgt – diese Prognose wurde noch im Vierten Sachstandsbericht gemacht. Der enorme Anstieg wird von einem schnellen Abschmelzen der arktischen Gletscher verursacht. Im Februar 2009 berichtete das amerikanische Scientific Committee on Antarctic Research, dass zwei größere Gletscher demnächst ins Meer abgehen werden. Da dieser Prozess Eis betrifft, das bisher auf Land lag und nicht im Meer trieb, wird er zu einem signifikanten Anstieg des Meeresspiegels führen. Colin Summerhays, der Direktor des Komitees, sagte, diese Entwicklung sei »ungewöhnlich und unerwartet«.
  Nach den im März 2009 auf einer Konferenz in Kopenhagen von 2500 Wissenschaftlern vorgelegten Ergebnissen könnte der Meeresspiegel weltweit mehr als einen Meter ansteigen. Der britische Ökonom Nicholas Stern, Autor des wegweisenden Reports über Wirtschaft und Klimawandel aus dem Jahr 2006, warnte vor den Konsequenzen: Hunderte von Millionen, wenn nicht gar Milliarden von Menschen müssten neue Lebensräume finden, was über Jahrzehnte oder Jahrhunderte Konflikte auf dem ganzen Globus hervorrufen würde.
- Die Emissionen von Kohlendioxid und die globale Erwärmung sind ebenfalls rasanter vorangeschritten als erwartet. Die Zuwachsrate der CO_2-Emissionen stieg von 1,1 Prozent zwischen 1990 und 1999 auf über drei Prozent zwischen 2000

und 2004. Seit 2000 ist die Zuwachsrate der Emissionen größer als in sämtlichen IPCC-Szenarien angenommen wurde.

- Auch die Erwärmung der Atmosphäre erfolgte rascher als vermutet. 1990 gingen die Voraussagen noch von einer Gesamterwärmung von maximal 3 Grad Celsius bis zum Ende des 21. Jahrhunderts aus. Der Zeithorizont für eine Erwärmung dieser Größenordnung verschob sich dann auf die Mitte des Jahrhunderts. Gegenwärtig behaupten einige Experten, es könnte bereits innerhalb des nächsten Jahrzehnts dazu kommen. Gleichzeitig stieg die Vorhersage einer maximalen globalen Erwärmung von 3 Grad auf 6 Grad. Das ist kein zu vernachlässigender Unterschied. Eine Erwärmung um 3 Grad würde bereits zu massiven Beeinträchtigungen des menschlichen Lebens und der wirtschaftlichen Aktivitäten führen, doch eine Erwärmung um 6 Grad würde einen nicht unbeträchtlichen Teil des Planeten für die Produktion von Lebensmitteln und menschliche Besiedlung in größerem Umfang ungeeignet machen.

Wechselwirkungen zwischen den Trends

Die unerwartete Beschleunigung ist ein Grund für das Näherrücken des Zeithorizonts, die Nichtbeachtung der Wechselwirkungen ein anderer. Die meisten Vorhersagen ziehen nur einen Trend in Betracht, zum Beispiel die globale Erwärmung und den damit einhergehenden Klimawandel. Andere Aspekte betreffen die Qualität und Verfügbarkeit von Süßwasser, die Produktion von Nahrungsmitteln und die damit verbundene Autarkie oder Abhängigkeit, die Lebensfähigkeit von Städten, Armut und Bevölkerungsdruck, die Luftqualität oder die minimalen Standards für die Gesundheit. Sie vernachlässigen die

Möglichkeit, dass das Erreichen eines kritischen Punktes bei einem Trend auch andere Entwicklungen zu einem Umschlagpunkt vorantreiben könnte, von dem es ebenfalls kein Zurück mehr gibt. Es muss aber in Betracht gezogen werden, dass zwischen den einzelnen globalen Tendenzen vielfältige Rückkopplungen und Wechselwirkungen existieren, sowohl in der Natur als auch in der menschlichen Welt. Zum Beispiel:

- Eine Zunahme der Treibhausgase in der Atmosphäre führt zu einer globaler Erwärmung, und diese wiederum erzeugt Dürreperioden, durch welche die Vegetationsdecke des Planeten reduziert wird. Die nächste Folge: Das Vermögen der Biosphäre, Kohlendioxid zu absorbieren, verringert sich.
- Wärmeres Wasser in den Ozeanen lässt das Polareis schmelzen und droht den Lauf wichtiger Meeresströmungen zu verändern, wie etwa den Golf- und den Humboldtstrom. Die Veränderungen dieser Meeresströmungen bewirken weitere Klimaveränderungen.
- Sinkt die Qualität der Luft in den städtischen und in- dustriellen Ballungsgebieten unter das für ein gesundes Leben notwendige Minimum, so sind Krankheiten in einem größeren Ausmaß vorprogrammiert, was wiederum schwerwiegende soziale, wirtschaftliche und politische Implikationen hat.
- Die zunehmende Erwärmung der Atmosphäre führt in manchen Regionen zu immer mehr Dürreperioden, in anderen Gegenden zur Überflutung von Küstenregionen. Hungernde und obdachlose Menschen sind gezwungen, aus den betroffenen Regionen in andere zu wandern, wo es zu kritischer Verknappung von Nahrungsmitteln und Wasserreserven und in weiten Bereichen zu sozialen Konflikten kommt.

Die Auswirkungen eines Trends auf einen anderen reduzieren den Zeitraum, der uns noch für einen rechtzeitigen Wandel verbleibt. Es ist heute durchaus wahrscheinlich, dass der eine oder andere Trend innerhalb von vier oder fünf Jahren einen kritischen Punkt erreicht. Wenn das geschieht, kann die davon ausgelöste Kettenreaktion nicht nur die unmittelbar betroffene Region, sondern ganze Kontinente in Mitleidenschaft ziehen.

Unter dem Strich heißt das, dass der Zeithorizont, der uns noch zur Abwendung eines globalen Zusammenbruchs zur Verfügung steht, gefährlich nahe an 2012 heranrückt, an das Jahr, für das etliche Prophezeiungen das Ende dieser Welt vorhersagen – und wenn nicht das Ende, dann eine grundlegende Transformation unserer Welt.

Die Prophezeiungen für 2012

Was macht das Jahr 2012 zu einem plausiblen Umschlagpunkt für die gesamte Menschheit? Es gibt ein breites Spektrum von Vorhersagen und Prophezeiungen – einige davon esoterischer, andere wissenschaftlicher Natur –, die von dieser Möglichkeit ausgehen. Die am häufigsten diskutierten Prophezeiungen sind jene, die mit den Kalendern der Maya in Zusammenhang stehen.[3]

Die Maya-Kalender wurden im Jahr 1479 von Priestern, die zugleich Astronomen waren, erstellt und dann in den berühmten Sonnenstein und einigen Stelen der mesaoamerikanischen Kultur gemeißelt. Sie machen detaillierte Aussagen über riesige Zeiträume und enthalten mathematische Berechnungen, die

3 Zu den fundamentalen Implikationen dieser Prophezeiungen siehe das Nachwort von José Argüelles, s. S. 167.

dermaßen präzise sind, dass die modernen Astronomen sich nicht erklären können, wie die Maya sie durchführen konnten. Die für uns heute unmittelbar relevante Zeitberechnung ist die sogenannte »Lange Zählung«. Diese setzt das Ende der Vierten Sonne – auch die Vierte Welt genannt – auf den 21. Dezember 2012 an. (Das tatsächliche Datum ist der 28. Oktober 2011, doch wenn man die inzwischen angesammelten Zeitverschiebungen einrechnet, ergibt sich daraus der 21. Dezember 2012.)

Der Kalender der Langen Zählung sagt nichts darüber aus, dass mit dem Ende der Vierten Welt auch das Ende der Welt einhergeht. Carlos Barrios, ein guatemaltekischer Historiker und Anthropologe, der zu einem Ajq'ij wurde, einem Zeremonialpriester und spirituellen Führer, ist ein Sprecher des Ältestenrats der Maya. Seine Aussage in Hinsicht auf das Ende der Welt ist klar: »Andere Menschen schreiben im Namen der Maya über deren Prophezeiungen«, sagte er in einer Reihe von Interviews in Santa Fe, New Mexico. »Sie behaupten, dass die Welt im Dezember 2012 untergehen wird. Darüber sind die Maya-Ältesten ärgerlich. Die Welt wird nicht untergehen. Sie wird transformiert werden.« Alles wird sich ändern, meint Barrios. Der 21. Dezember 2012 wird das Datum einer Wiedergeburt sein, der Beginn der Welt der Fünften Sonne. Wenn es den Völkern der Welt gelingt, dieses Datum zu erreichen, ohne zu viel von der Erde zerstört zu haben, dann werden sie auf eine neue, höhere Ebene aufsteigen.[4]

Die Kultur der Maya ist nicht die einzige, die für Ende 2012 eine radikale Transformation voraussagt. Zum ersten Mal seit

---

4 Zu diesem Zitat und weiteren Informationen über Barrios und die Prophezeiungen der Maya siehe Saq' Be': Organization for Mayan and Indigenous Spiritual Studies, www.SacredRoad.org.

26000 Jahren wird die Sonne zum Sonnenaufgang des 21. Dezembers 2012 in Konjunktion mit dem Schnittpunkt des Äquators der Milchstraße und der Ebene der Ekliptik stehen. In einer Reihe von spirituellen Traditionen wird diese kosmische Überschneidung als eine fundamentale Neuausrichtung angesehen, etwa im Zeitmessungssystem der Hopi, in der vedischen und der islamischen Astrologie, im Mithraismus, in der jüdischen Kabbala, im hinduistischen Zyklus der Yugas, in der mittelalterlichen christlichen Architektur und in einer Reihe von Systemen hermetischer Metaphysik.

Astrologische Berechnungen ergeben dasselbe Datum. Sie zeigen, dass das Zentrum unserer Galaxis am 21. Dezember 2012 ein »kosmisches Jahr« vollenden wird: eine 25920 Jahre dauernde Reise durch den gesamten Tierkreis. Aus der Sicht der Astrologie beginnt zu diesem Datum ein neues kosmisches Jahr, das wiederum 25 920 Jahre dauern wird.

Eine mathematisch ausgeklügelte »Zeitwelle«, die der amerikanische mystische Philosoph Terence McKenna auf der Basis einer Interpretation des *Yijing (I Ging)* entwickelt hat, verweist ebenfalls auf das Jahr 2012. Die Zeitwelle berechnet das Anwachsen und Verebben von Neuerung im Universum; Neuerung wird dabei als ein der Zeit inhärenter Zug angesehen. Die grafische Darstellung des Verlaufs der Zeitwelle zeigt, wann, aber nicht wo es in der Geschichte der Erde zu einer Zunahme oder Abnahme von Neuerung gekommen ist, präziser gesagt, zu einer evolutionären Komplexifizierung, die dynamischen Wandel beinhaltet.

Die großen Perioden der Neuerung begannen vor etwa vier Milliarden Jahren, als unser Planet entstand, und dauerten bis zu einem Zeitpunkt vor etwa fünfundsechzig Millionen Jahren an, als die Dinosaurier ausstarben und die Säugetiere sich über die Kontinente ausbreiteten. Zwischen 15 000 und 8000 vor unserer Zeitrechnung gab es eine Welle der Neuerung, also etwa zu der Zeit der neolithischen Revolution und der Entstehung der Landwirtschaft mit fest angesiedelten menschlichen Gemeinschaften. Zu einer weiteren Welle kam es um 500 v.u.Z., als Laozi, Plato, Zarathustra, Buddha und andere wegbereitende Gestalten die Szene betraten.

Nach der Kurve der Zeitwelle tritt jede Neuerungsperiode vierundsechzigmal schneller ein als die vorhergegangene. So zeigt die Berechnung in der Neuzeit Wellen der Neuerung im später 18. Jahrhundert, also während der Epoche der sozialen und wissenschaftlichen Revolutionen, während der unruhigen sechziger Jahre, im frühen 21. Jahrhundert, etwa während der terroristischen Angriffe von 9/11. Der nächste Höhepunkt fiel auf den November 2008, das Datum, an dem Barack Obama zum Präsidenten der USA gewählt wurde.

Am 21. Dezember 2012 wird die Zeitwelle ihren Kulminationspunkt erreichen. Zu diesem Datum wird die Neuerung auf dem Planeten gegen Unendlich gehen. Dies wäre tatsächlich ein Endpunkt – eine Zeit, in der alles für den Geist nur denkbar Mögliche gleichzeitig geschehen würde.

Eine Voraussage aus dem Bereich der Astronomie, also einer »harten« Naturwissenschaft, fällt mit den Daten der esoterischen Traditionen und den darauf basierenden Berechnungen zusammen. Die Astronomen haben festgestellt, dass die Sonnenaktivität seit den vierziger Jahren und besonders seit 2003 bemerkenswert turbulent geworden ist. Sie sagen voraus, dass die Sonnenaktivität um 2012 herum einen Gipfelpunkt erreicht und dann Sonnenstürme erzeugt, wie es sie seit 1859 nicht mehr gegeben hat. In jenem Jahr kam es zu dem sogenannten Carrington-Ereignis: Eine riesige chromosphärische Eruption, Flare genannt, begleitet von einem koronalen Massenauswurf, schleuderte Milliarden Tonnen von solarem Plasma in die Magnetosphäre der Erde. Damals wurden die Magnetometer und das weltweite Telegrafensystem gestört. Der nächste Höchststand an Sonnenaktivität, den man 2012 erwartet, würde möglicherweise aber sehr viel mehr Unheil anrichten, da das menschliche Leben und unsere Zivilisation in hohem Maße von dem global vernetzten Energienetzwerk abhängig geworden sind. Nach einem Bericht des National Research Council der USA, veröffentlich im Frühjahr 2009 von der National Academy of Sciences der Vereinigten Staaten unter dem Titel *Severe Space Weather Events. Understanding Societal and Economic Impacts*, würde ein neues Carrington-Ereignis in den USA Bodenströme verursachen, die innerhalb von neunzig Sekunden dreihundert Schlüsseltransformatoren außer Kraft setzen und für mehr als 130 Millionen Menschen die Stromversorgung unterbrechen. Der Schaden könnte sich auf bis zu zwei Billiarden Dollar belaufen, und es würde zwischen vier und zehn Jahre dauern, sich von dem Ereignis zu erholen. Die Auswirkungen würden in China, wo das Stromnetz anfälliger ist als in den USA, und in anderen Industriestaaten noch wesentlich gravierender sein.

Eine andere Vorhersage aus dem Bereich der Naturwissenschaft betrifft das Verhalten des Erdmagnetfelds. Es sieht ganz so aus, als würde die Intensität des Magnetfelds nachlassen und als würden darin riesige Löcher und Lücken entstehen. Ende 2008 entdeckte der NASA-Satellit THEMIS ein Loch, das zehnmal größer ist als man zuvor angenommen hatte: Es ist viermal so groß wie die Erde. Es ist möglich, dass uns ein Polsprung bevorsteht, also eine Umkehr des magnetischen Nord- und Südpols. Auch zu diesem Polsprung könnte es innerhalb weniger Jahre kommen, möglicherweise sogar zum Ende von 2012.

Wir können nichts mit Gewissheit sagen, aber es gibt doch, wie wir gesehen haben, eine ganze Reihe merkwürdiger »Übereinstimmungen«. Es ist zwar nicht sicher, aber es ist doch mehr als wahrscheinlich, dass die Zeit um das Jahresende 2012 sehr turbulent sein wird. Aus esoterischer Sicht wird diese im Hinblick auf die menschlichen Aktivitäten durch einen tief greifenden Phasenwechsel gekennzeichnet sein. Die Pessimisten sehen das Ende der Welt voraus, während optimistische Interpretationen von der Ankunft einer neuen Welt ausgehen. Aus naturwissenschaftlicher Perspektive können wir einen weiteren koronalen Massenauswurf (CME) der Sonne erwarten, der die physikalische Beschaffenheit der Erde verändert und weltweit Auswirkungen auf das menschliche Leben und die wirtschaftlichen Aktivitäten hat.

Keine einzelne der Prophezeiungen und Vorhersagen ist zu hundert Prozent gewiss, aber betrachtet man sie alle zusammen, so sind sie doch höchst signifikant. Ziehen wir dazu noch den Zeithorizont, der durch die Wechselwirkung der globalen Trends gegeben wird, in Betracht, so gibt es ernst zu nehmende Gründe, das Ende des Jahres 2012 als einen kritischen Zeitpunkt in der Geschichte anzusehen, zu dem das Schicksal der Menschheit auf der Kippe stehen könnte.

ZWEITER TEIL

Rechtzeitig Aufwachen

Wir stehen vor der Tatsache … dass Morgen Heute ist. Wir sehen uns mit der grimmigen Dringlichkeit des Jetzt konfrontiert … Über den ausgebleichten Knochen und dem Schutt zahlreicher Zivilisationen stehen zwei Worte des Bedauerns: »Zu spät.«

Martin Luther King,
Rede in der Riverside Church,
New York, 4. April 1967

4
WORUM ES BEIM ZEITGERECHTEN WANDEL GEHT

Wir stehen vor einer Schicksalsentscheidung. Wir müssen uns darüber klar werden, dass dem so ist, und auch darüber, dass wir etwas unternehmen können. Uns stehen drei Alternativen offen:

- Wir können weitermachen wie bisher und das Beste hoffen.
- Wir können versuchen, das zu ändern, was uns persönlich, wirtschaftlich und politisch nützlich erscheint.
- Wir können entschlossen in Richtung eines bewussten und zeitgerechten Wandels voranschreiten.

Eine vernünftige und verantwortungsvolle Entscheidung wäre es, den Boden für einen zeitgerechten Wandel zu bereiten, bevor es zu spät ist. Das verlangt bewussten und zielgerichteten Wandel – von jeder Regierung, jedem Unternehmen und jeder Person. Um das bewerkstelligen zu können, müssen wir zuerst die Zielvorstellungen hinterfragen, die heute unser Leben bestimmen und die bald über unsere Zukunft entscheiden werden: die Zielvorstellungen der Politik und der Wirtschaft – und die persönlichen, denen wir uns selbst verschreiben.

Die Ziele einer neuen Politik

Die Ziele einer aufgeklärten Politik sind in den Prinzipien einer demokratischen Gesellschaft verkörpert, die die Interessen des demos, des Volkes, fördern sollen. Nach diesen Prinzipien zu handeln, ist zeitgerecht und realistisch. In den USA und in einigen anderen Staaten hat eine neue Führung das Ruder übernommen, und diese neuen Politiker sind eher bereit, den wahren Interessen des Volkes zu dienen als die alte Garde.

Zu den wahren Interessen des Volkes gehören das physische Überleben, stabile zwischenmenschliche Verhältnisse, eine sinnstiftende soziale und kulturelle Identität und eine entlohnte und sozial nützliche Arbeit. Soll die Befriedigung dieser Interessen sichergestellt werden, verlangt das Bedingungen, unter denen die notwendigen Ressourcen für jedermann verfügbar und wirtschaftlich zugänglich sind.

Die Sicherung physischen Überlebens verlangt, dass alle Mitglieder der Gemeinschaft Zugang zu den grundlegenden Lebensressourcen haben, also ausreichend mit Nahrungsmitteln und Wasser versorgt sind, ein Dach über dem Kopf und genügend Kleidung haben.

Die Sicherung stabiler zwischenmenschlicher Beziehungen verlangt soziale und wirtschaftliche Bedingungen, die zur Aufrechterhaltung des Familienlebens und für ein Miteinander innerhalb der Gemeinschaft geeignet sind.

Eine sinnstiftende soziale und kulturelle Identität erfordert ein Rechtssystem, das für soziale und wirtschaftliche Gerechtigkeit sorgt, sowie ein Erziehungs- und Informationssystem, das den Menschen hilft, sich als einzigartig zu verstehen, aber zu-

gleich als Teil einer multiethnischen und multikulturellen Gemeinschaft.
Entlohnte und sozial nützliche Arbeit verlangt wiederum, dass die Wirtschaft auf einem Niveau gehalten wird, auf dem sie für alle, die willig und fähig sind, etwas zu leisten, Arbeitsplätze zur Verfügung stellen kann.

In einer Demokratie stimmt die politische Führung sich mit dem Volk darüber ab, wie diese Ziele in der Praxis zu verwirklichen sind. Im Interesse eines fairen und alle einschließenden Beratungsprozesses fördert sie die Gleichberechtigung der Geschlechter und stellt sicher, dass sämtliche gesellschaftlichen Gruppierungen ihre Bedürfnisse und Erfordernisse zum Ausdruck bringen und an den damit verbundenen politischen Entscheidungen beteiligt werden.

Darüber hinaus müssen die Ziele einer neuen Politik unserer besonderen Situation Rechnung tragen. In der heutigen Welt konzentrieren sie sich auf die Realisierung einer wirtschaftlich, sozial und politisch zukunftsfähigen Gesellschaft. Die politische Elite unternimmt Folgendes:

- Sie berücksichtigt und veröffentlicht die CO_2-Bilanz im öffentlichen Sektor und fördert Aktivitäten zu deren Reduzierung.
- Sie benutzt öffentliche Mittel ausschließlich für organische, nachhaltige und aus fairem Handel stammende Produkte und Dienstleistungen.
- Sie verlangt von den Unternehmen, die CO_2-Bilanz, Recycelbarkeit, Schadstoffbelastung und biologische Abbaubarkeit ihrer Produkte zu messen und die entsprechenden Daten auf ihren Produkten und in ihrem Marketing anzugeben.

- Sie gewährt Steuervergünstigungen und andere wirtschaftliche Anreize für die Nutzung von alternativer Energie, für die Einsparung von Ressourcen und für Recycling-Technologien sowie Technologien, die keine oder nur wenig Abfälle produzieren.
- Sie hält die lokalen Firmen dazu an, die Haltbarkeit, Energieeffizienz und Ressourceneffizienz ihrer Produkte zu erhöhen.
- Sie achtet darauf, dass alle Bürger Zugang zu natürlichen Gemeingütern wie Energie, Wasser und Land haben.
- Sie verbessert die Qualität und erhöht die Kapazität der öffentlichen Verkehrsmittel und schafft realistische Alternativen zum (übermäßigen) persönlichen Gebrauch von Autos.
- Sie wirkt der Tendenz zu übermäßigem Konsum entgegen, indem sie die Werbung für nicht wesentliche (und keineswegs nur für gesundheitsschädigende) Produkte an öffentlichen Orten und in den Medien einschränkt.
- Sie setzt den Haushalt so ein, dass verödete und benachteiligte Regionen wiederbelebt werden.
- Sie benutzt sichere und effiziente Technologien alternativer Energie zur Erzeugung von Strom, beim Transport und in der Kommunikation.
- Sie überwacht die zivilen und industriellen Aktivitäten, von denen Gefahr ausgeht, dass das ökologische Gleichgewicht gestört, die Natur verschmutzt oder natürliche Räume reduziert werden – und sie reguliert diese, wo das nötig ist.
- Sie gibt strenge Regeln für die Stadtplanung vor und verlangt die Anwendung von Technologien erneuerbarer Energie bei öffentlichen Gebäuden, und sie macht eine wirksame Isolierung zur Vorbedingung bei der Vergabe von Baugenehmigungen für private Wohnhäuser, Büro- sowie Fabrikkomplexe.

- Sie sorgt dafür, dass Grünflächen, Wälder, Flüsse, Seen und Meere in der Umgebung für die Öffentlichkeit zugänglich bleiben, und sie kümmert sich darum, dass ihre ökologische Nutzung bewahrt bleibt.

Basisdemokratische Unterstützung bei den Zielsetzungen

Es gibt in der Gesellschaft vielfältige Bewegungen, die nachhaltige Zielsetzungen unterstützen. In der kreativen Avantgarde ist eine neue Kultur im Entstehen, die zunehmend auf den Mainstream übergreift. Es ist eine der »kulturell Kreativen« – ein Begriff, der von dem amerikanischen Meinungsforscher Paul Ray geprägt wurde. Der hier stattfindende Wertewandel führt zu einer Veränderung des Lebensstils, weg von der Verschwendung von materiellen Ressourcen und von Energie und hin zu einem von freiwilliger Einfachheit und der Suche nach Harmonie mit der Natur geprägten Lifestyle.

Die »kulturell Kreativen« sind engagierte Konsumenten, die in Wochenendworkshops, spirituellen Zusammenkünften oder bei Aktivitäten zur Förderung der persönlichen Entwicklung intensive und spirituelle Erfahrungen gemacht haben. Sie verstehen sich als Menschen, die Verbindungen herstellen und Heilung bewirken – auf der persönlichen sowie auf der gesellschaftlichen und sogar planetaren Ebene. Sie haben sich ganzheitlichen Vorstellungen des Denkens und Handelns verpflichtet, essen Vollwertkost, suchen nach einer Körper, Geist und Seele umfassenden inneren Erfahrung und streben nach einem Gleichgewicht zwischen Arbeit und Spiel, Konsum und persönlichem Wachstum.

Rays Studie vom Mai 2008 kam zu dem Ergebnis, dass die meisten Amerikaner bereit sind, aktiv etwas zum Gemeinwohl der Gesellschaft, ja sogar des Planeten beizutragen. Immer mehr Menschen werden sich dessen bewusst, dass ein dringender Handlungsbedarf besteht. Viele haben erkannt, dass wir uns mitten in einem Klimawandel befinden, und sie sehen dies als Anzeichen einer umfassenden Notsituation. Etwa 87 Prozent der mehr als tausend Interviewten, die auf die fünfhundert von Ray formulierten Fragen geantwortet haben, meinten, dass wir »den Planeten als lebendes System behandeln müssen«. 81 Prozent waren der Ansicht, dass »die Unternehmen mehr Verantwortung für die globale Erwärmung, zu der sie auch einen Beitrag leisten, übernehmen« müssen. 75 Prozent gaben zu verstehen, dass »die Menschen für das Wohl des Planeten arbeiten müssen, da er unsere einzige Wohnstätte ist«. 70 Prozent betrachteten sich »als Bürger des Planeten Erde und als Amerikaner«; und 68 Prozent teilten die Auffassung, »an diesem Punkt in der Geschichte müssen wir uns selbst als Teil *einer* Menschheit ansehen«.[5]

Nicht wenige sind sich der Notwendigkeit eines Wandels, besonders in Hinsicht auf die Umwelt, bewusst. Mehr als 62Prozent der Befragten vertraten die Auffassung, dass »die Erde auf eine Umweltkatastrophe zusteuert, wenn wir uns nicht ändern«. 56 Prozent waren überzeugt, dass »unsere materialistische Lebensweise durch einen neuen und hoffnungsvolleren Lebensstil abgelöst werden kann«, und 51 Prozent sagten aus, sie seien »bereit, als Teil eines En-gagements zur Rettung des Planeten freiwillige Arbeit zu leisten«.

In einer ähnlichen Untersuchung fand das Institute of

5 Die Befragung wurde vom kalifornischen Institute for the Emerging Wisdom der Widom University durchgeführt, dessen Direktor Paul Ray ist. Siehe: www.wisdomuniversity.org/cultural-creatives.htm

Noetic Sciences (IONS), eine amerikanische Non-Profit-Organisation, heraus, dass sich das Denken bei einem signifikanten Teil der US-Bevölkerung ändert: vom Wettbewerb hin zu Versöhnung und Partnerschaft; von Gier und Verknappung zu Genügsamkeit und Fürsorge; von äußerer Autorität zu innerer Autorität (d.h. vom Verlass auf äußere Quellen von »Autorität« hin zu inneren Quellen des »Erkennens«); von mechanistischen zu lebenden Systemen (womit eine Abkehr von einem Weltverständnis verbunden ist, das sich an mechanischen Systemen orientiert, und eine Hinwendung zu Perspektiven und Ansätzen, die in der Welt des Lebendigen verwurzelt sind). Schließlich wurde in der Studie auch eine Entwicklung von der Getrenntheit hin zur Ganzheit festgestellt, da man ein neues Verständnis der Einheit und wechselseitigen Verbundenheit aller Aspekte des Lebens und der Realität gewonnen habe.

Zu einem ähnlichen Wandel kommt es auch in anderen Teilen der Welt. Eine im Jahr 2005 von der italienischen Sektion des Club of Budapest durchgeführte Untersuchung ergab, dass 35 Prozent der erwachsenen Italiener als »kulturell Kreative« leben und handeln. Zu ähnlichen Ergebnissen kamen Studien in anderen europäischen Ländern sowie in Japan, Australien und Brasilien.

Der amerikanische Unternehmer und Umweltaktivist Paul Hawken schätzte, dass es heute weltweit etwa eine Million Organisationen gibt, die sich mit dem sozialen Wandel auseinandersetzen, angefangen von kleinen lokalen Verbänden bis zu finanziell gut ausgestatteten und relativ machtvollen Nichtregierungsorganisationen. Sie alle haben gemeinsame Wertvorstellungen und bilden zusammengenommen die größte soziale Bewegung in der bisherigen Geschichte. Wie Hawken in seinem 2007 erschienenen Buch *Blessed Unrest* ausführt, ist dies keine der üblichen »sozialen Bewegungen«, denn die gewöhnlichen Bewegungen haben Hierarchien und Doktrinen. Die neue Bewegung ist verstreut, undefiniert und unabhängig. Sie ist ein Zeugnis für die Entstehung dessen, was die amerikanischen Globalisierungskritiker David Korten, Nicanor Perlas und Vandana Shiva die »globale Zivilgesellschaft« genannt haben. Sie ist »der soziale Ausdruck des Erwachens einer authentischen planetaren Kultur, die auf den spirituellen Werten und der sozialen Erfahrung von Hunderten von Millionen Menschen basiert«.[6]

Der kulturelle Wandel ist machtvoller und geht schneller vonstatten, als die Politiker bisher bemerkt haben. Doch noch fehlt es an einer kritischen Masse an Menschen, die nicht nur bereit und in der Lage sind, politische Führungskräfte zu wählen, die für den Wandel stehen, sondern die ebenfalls bereit und in der Lage sind, eine erleuchtete Politik zu tragen.

Soziale Zielsetzung im Wirtschaftsleben

Die Geschäftswelt gilt als der »Privatsektor«, aber sie ist so machtvoll geworden, dass sie längst keine »Privatwirtschaft« mehr ist – sie ist der öffentlichste Sektor, der momentan überhaupt existiert. Die führenden fünfhundert Industrieunternehmen beschäftigen nur 0,05 Prozent der Weltbevölkerung, doch sie kontrollieren 70 Prozent des Welthandels, 80 Prozent der direkten Auslandsinvestitionen und 25 Prozent der globalen wirtschaftlichen Leistung. Auch wenn der Umsatz großer Konzerne wie Toyota, Ford, Mitsui, Mitsubishi, Royal Dutch Shell,

6 Übersetzt nach David Korten, Nicantor Perlas und Vandana Shiva: *Global Civil Society: The Path Ahead.* People-Centered Development Forum. Siehe: www.pcdf.org/civilsociety/default.htm

Exxon und Wal-Mart durch die Wirtschaftskrise zurückgegangen ist, übersteigt er immer noch das Bruttoinlandsprodukt von Dutzenden von Ländern, einschließlich Polen, Norwegen, Griechenland, Thailand und Israel.

Da sie über beispiellosen Reichtum und beispiellose Macht verfügen, sind die Großunternehmen ein Schlüsselfaktor in der Gleichung, die über die Zukunft der Menschheit entscheidet. Staaten und Regierungen, der »öffentliche Sektor«, vermögen die Aktivitäten der Megakonzerne bestenfalls zu regulieren, doch sogar hierzu sind ihre Möglichkeiten oft begrenzt. Wenn der öffentliche Sektor zu stark regulierend eingreift, verlagern die multinationalen Unternehmen ihren Standort einfach anderswo hin.

Im Laufe des vergangenen halben Jahrhunderts hat sich die Privatwirtschaft immer mehr von der Gesellschaft losgelöst, indem die Firmen zunehmend ihre eigenen Zielvorstellungen von Profit und Wachstum verfolgt haben. Wenn dieser Sektor wieder in die Gesellschaft integriert werden soll, dann muss es hinsichtlich der Ziele, die die Konzerne verfolgen, zu einem grundlegenden Wandel kommen.

Die Erkenntnis, dass die Veränderungen, die die Geschäftswelt vornehmen muss, nicht nur taktischer Natur sein dürfen, sondern ein grundlegendes Umdenken verlangen, hat sich im Management noch nicht durchgesetzt. Bis vor Kurzem herrschte in den Unternehmen noch ein vorsichtiger Optimismus vor. Man nahm an, sich aus dem Sumpf der wirtschaftlichen Stagnation und der Umweltzerstörung herausziehen zu können, ohne etwas wirklich ändern zu müssen. In diesem Kontext waren ökologische Belange nur Zierrat, dessen man sich entledigen konnte, wenn die »ernsten« Probleme von Wirtschaftlichkeit und Finanzen es verlangten. Die Marktmechanismen, davon war und ist man immer noch weitestgehend überzeugt, können im Grunde so bleiben wie sie sind. Man brauche sich nur auf »neue« und »verbesserte« Produkte und Dienstleistungen zu konzentrieren, auf Dinge, die ausgefeilter und attraktiver gestaltet und verpackt sind – also auf Produkte und Dienstleitungen, die nach außen hin nachhaltig und umweltfreundlicher erscheinen. Dieses Denken geht einher mit der Einstellung, dass tatsächliche Nachhaltigkeit bei den Dienstleistungen und in der Produktpalette erst dann berücksichtigt werden muss, wenn der Kunde das verlangt. Wünscht dieser organischere und umweltfreundlichere Produkte, wird man dieses Interesse auch erfüllen. Wobei die Unternehmen davon ausgehen, dass das nur solange funktionieren wird, wie der Kunde keine Opfer bringen muss. Mehr zu bezahlen oder sich mit einer Ware zufriedenzugeben, die weniger brauchbar, praktisch oder attraktiv erscheint, kann nur als ein persönliches Opfer aufgefasst werden. So etwas habe man also zu vermeiden. Die Gewinnstrategie dieser Konzerne besteht darin, Produkte zu produzieren oder Dienstleistungen anzubieten, die dasselbe leisten wie ihre Vorläufer, die aber zusätzliche Komponenten besitzen, welche es erlauben, die angebotenen Waren als nachhaltig und umweltfreundlich zu vermarkten.

Die globale Finanzkrise hat beträchtlichen Zweifel daran, dass eine solche Taktik weiterhin funktionieren wird, aufkommen lassen. *Business as usual* mit nur oberflächlichen Modifikationen wird aller Wahrscheinlichkeit nach nicht ausreichen, um die Zerstörung der Umwelt und die Instabilität des globalen Finanz- und Wirtschaftssystems kontrollieren zu können. Der ehemalige dänische Premierminister und jetzige Generalsekretär der NATO, Anders Fogh Rasmussen, hat einmal gesagt, *business as usual* sei tot – grünes Wachstum sei die Antwort sowohl auf die Klima- als auch auf die wirtschaftlichen Probleme. Und der US-Wirtschaftswissenschaftler David Korten wies nach, dass der Versuch, bei der Bewältigung der Krise dasselbe Denken anzuwenden, das in die Krise geführt hat, der Gipfel des Wahnsinns sei.

Das klassische Ziel der Geschäftswelt: Die klassische Zielvorgabe, der die Unternehmen sich bisher verschrieben haben, hat der amerikanische Ökonom Milton Friedman in einem oft zitierten Artikel formuliert, der 1970 im New York Times Magazine erschien: Das einzige legitime Ziel und der einzige rationale Zweck eines Konzerns bestehe darin, seinen Besitzern Geld einzubringen. Alles andere sei sekundär und nebensächlich.

Dies ist die Philosophie des sogenannten Shareholder-Value.1970 konnte man sich kaum eine Alternative hierfür vorstellen, und in der Finanz- und Businesswelt war man sich auch nicht der Notwendigkeit einer solchen bewusst. Das ist heute nicht mehr der Fall. Die Manager von Firmen wissen – auch wenn das viele von ihnen nicht zum Handeln motiviert –, dass die Verantwortlichkeit eines Unternehmens sich über die Shareholder, also die Aktionäre, hinaus auch auf die Menschen erstreckt, deren Leben von dem Konzern beeinflusst wird. Letztere sind die Stakeholder.[7] Eine Person kann als Stakeholder bezeichnet werden, wenn sie ein Angestellter, ein Kunde, ein Klient oder einfach ein Mitglied der Kommune ist, in der die Firma angesiedelt ist. Das Leben all dieser Menschen wird davon bestimmt, wie das Unternehmen seine Ressourcen gewinnt, transportiert und verarbeitet und seinen Müll entsorgt. Obwohl über das Stakeholder-Value-Prinzip viel diskutiert wird, bleibt es in der Praxis doch dem des Shareholder-Value untergeordnet. Verantwortung für den Stakeholder zu übernehmen ist für die meisten Manager nur ein Mittel zum Zweck: nämlich den Gewinn für die Shareholder zu maximieren. Nach außen wird es jedoch anders kommuniziert: Die Kunden- und Kliententreue werde dadurch gestärkt, die Zustimmung der Öffentlichkeit sei größer, und das wiederum könne die Wettbewerbsfähigkeit und den Gewinn steigern.

Über die klassische Zielsetzung hinausgehen: Auch wenn der größte Teil der Geschäftswelt sich nur langsam wandelt, gibt es doch Wirtschaftsführer und Unternehmen, die bereit sind, über die klassische Zielsetzung hinauszugehen. Das wird durch ein Ereignis illustriert, von dem David Cooper- rider, Gründer und Direktor des Center of Business as an Agent of World Benefit, einer Management-Schule in Cleveland, Ohio, berichtet. Ein zehn Milliarden Dollar im Jahr umsetzender multinationaler Konzern, der auf den oberen Plätzen der Barron's-Liste der fünfhundert erfolgreichsten Unternehmen geführt wird, rief seine Führungskräfte zu einer Konferenz über »die zehn größten globalen Probleme, mit denen sich die Mensch-

---

7 Als *Stakeholder* (engl.) wird eine natürliche Person (der Mensch in seiner Rolle als Rechtssubjekt) oder eine juristische Person (z. B. eine Institution) bezeichnet, die ein Interesse am Verlauf oder Ergebnis eines Prozesses (z. B. eines Projekts oder der wirtschaftlichen Entwicklung eines Unternehmens) hat »Stake« kann mit »(Wett-)Einsatz«, »Beteiligung« übersetzt werden, »holder« mit »Eigentümer«, »Halter«. Der Stakeholder ist also jemand, dessen Einsatz auf dem Spiel steht und der daher ein Interesse an Wohl und Wehe dieses Einsatzes hat. Im übertragenen Sinn wird »Stakeholder« heutzutage aber nicht nur für Personen verwendet, die tatsächlich einen Einsatz geleistet haben, sondern für jeden, der ein Interesse am Verlauf oder Ergebnis eines Prozesses hat, auch zunächst scheinbar Unbeteiligte wie Kunden oder Mitarbeiter. Ein alle Aspekte des Begriffs »Stakeholder« umfassender Ausdruck deutschen Ursprungs existiert in der Literatur nicht. Verwendete Annäherungen sind »Anspruchsträger«, »Interessenten und Betroffene«, »Interessierte Kreise« und bei Projekten »Projektbeteiligte« und »Projektbetroffene«. (Anm. d. Übers.; Quelle: Wikipedia)

heit konfrontiert sieht« zusammen. Dieser Strategiegipfel, der geheim gehalten wurde, um die Interessen der Firma und ihre Wettbewerbsfähigkeit zu schützen, konfrontierte die Manager mit folgender Frage: Wie kann man aus den zehn größten Problemen der Welt strategische Geschäftschancen für den Konzern machen – im Hinblick auf Innovationen bei den Produkten und technologischen Verfahren, bei der Öffnung neuer Märkte, der Förderung der Kundentreue, der Risikobegrenzung sowie der Kostensenkung? Und wie kann das Unternehmen gleichzeitig dazu beitragen, eine sicherere und bessere Welt zu bauen? Am Ende der dreitägigen Versammlung begann eine neue Zukunftsvision des Konzern Gestalt anzunehmen: das Unternehmen als Anbieter von Lösungen für die zehn größten Herausforderungen, denen sich die Menschheit gegenübersieht. Das Treffen, das ursprünglich einberufen worden war, um die klassischen Firmeninteressen zu optimieren, führte zu einer tief greifenden Transformation der Ziele und der Mission des Unternehmens.[8]

Ein anderes Beispiel für eine veränderte geschäftliche Ausrichtung ist die von Mohammad Yunus gegründete Grameen Bank. Dieses Geldinstitut, über das man in dem 2007 veröffentlichten Buch *Die Armut besiegen* des bangladeschischen Wirtschaftswissenschaftlers nachlesen kann, hat sich auf Kleinkredite spezialisiert – sogenannte Mikrokredite für in Armut lebende Menschen, vorwiegend Frauen, bei deren Vergabe kaum oder sogar gar keine Sicherheiten verlangt werden. Die Bank verkörpert das, was Yunus »soziales Business« nennt – es ist ein Weg, die Macht des Marktes zu nutzen, um zur Lösung eines

8 Siehe hierzu das Nachwort von Chris Laszlo in: *Sustainable Value. How the World's Leading Companies Are Doing Well by Doing Good.* Sheffield 2008

breiten Spektrums sozialer Probleme beizutragen, von Mittellosigkeit und Umweltverschmutzung bis hin zu unzureichender Gesundheitsfürsorge, fehlenden Bildungschancen und Hunger.

Yunus, der 2007 für seine Initiative den Friedensnobelpreis erhielt, sagt eine von Tausenden von Unternehmen, die im Sinne des sozialesn Business wirken, veränderte Welt voraus. Nachdem er im Jahr 2005 mit Frank Riboud, dem Vorstandsvorsitzenden der Danone-Gruppe, zusammengetroffen war, wurde eine Initiative des sozialen Business gegründet, die Vorbildcharakter hatte: »Grameen-Danone Foods of Bangladesh«. Die Zielsetzung der Firma ist es, arme Kinder in einem der ärmsten Länder der Welt mit nährstoffreichen Lebensmitteln zu versorgen. Zwei Jahre später wurde ein weiteres soziales Business in Bangladesch geboren: Grameen Shakti. Bis heute hat das auf Solartechnik spezialisierte Unternehmen 160000 Fotovoltaikanlagen zur Stromerzeugung in Haushalten von Menschen, die unterhalb der Armutsgrenze leben, installiert; bis 2012 soll die Zahl auf sieben Millionen steigen.

Würden weltweit solche sozialen Unternehmen in großer Zahl entstehen, so wäre das ein vielversprechender Schritt, um die Wirtschaft wieder in die Hände sozial verantwortlicher Akteure zu geben. Wenn sich allerdings die Mehrzahl der Firmen, einschließlich der globalen Marktführer, weiterhin nur um ihre eigenen kurzfristigen Interessen kümmert, dann würde selbst eine umfassende Gründung von sozial engagierten Unternehmen nicht ausreichen, um die notwendige Transformation zu bewirken: Das wäre am Ende doch ein Fall von »zu wenig und zu spät«. Die weltweite wirtschaftliche und ökologische Krise würde eine kritische Phase erreichen, bevor die sozial engagierten Firmen ein ausreichendes Gegengewicht bilden könnten.

Eine rechtzeitige Wandlung der großen Konzerne bleibt eine wesentliche Voraussetzung, doch zurzeit stecken diese noch in der vorherrschenden klassischen Geschäftsideologie fest. Wenn sozial eingestellte Führungskräfte nicht genügend Gewinn erwirtschaften, damit das Unternehmen wettbewerbsfähig bleibt, werden sie aller Wahrscheinlichkeit nach entlassen und durch »realistischere« Manager ersetzt.[9]

Aussichten auf einen nachhaltigen Wandel: Damit es zu einem dauerhaften Wandel in der Wirtschaft kommen kann, muss sich das Denken derjenigen, die große Segmente des Marktes kontrollieren, verändern. Würden die Marktführer erkennen, dass es in ihrem eigenen Interesse ist, zeitgerechte Umstrukturierungen vorzunehmen, dann könnten sie diese auch durchsetzen. Sie könnten untereinander Bündnisse schließen, um sicherzustellen, dass sozial und ökologisch verantwortungsvolle Praktiken zur Norm in ihrem Marktsegment werden.

Sozial gesinnte Bündnisse könnten bei den Führungskräften in der Wirtschaft auf Zustimmung treffen. Auch wenn die Besitzverhältnisse in den meisten Konzernen anonym sind und es den Eigentümern nur ums Geldverdienen geht, gibt es doch noch einige Firmen, die von Einzelinhabern oder Familien kontrolliert werden, die sich ein Gefühl für die Verpflichtungen ihres Betriebs bewahrt haben. Sie sind die zeitgenössischen Äquivalente der legendären »Industriekapitäne« vom Anfang des 20. Jahrhunderts. Unternehmer wie Rockefeller, Vanderbilt, Ford, Mellon, Astor oder Carnegie sahen sich nicht einfach nur als Geschäftsleute, die für sich und ihre Familie den größtmöglichen Gewinn herausschlagen wollten. Sie betrachteten sich

9 Ein gutes Beispiel hierfür ist Tomoyo Nonaka, die frühere Generaldirektorin von Sanyo. Ihren Bericht über »Die Sanyo-Erfahrung« finden Sie auf Seite 92ff.

vielmehr als Menschen, die etwas zum Aufbau der Gesellschaft und dem Gemeinwohl beitragen konnten. Wie Thomas J. Watson, der Vorstandsvorsitzende von IBM, einmal sagte, wurden die Unternehmen nicht geschaffen, »um einfach nur Geld zu machen«, sondern »um das gesamte Gewebe der Gesellschaft zusammenzuhalten«.

Dieser Geist ist heute noch nicht ganz ausgestorben, und man könnte seine Flamme wieder anfachen. Ein Bill Gates oder ein Warren Buffett haben wohltätige Stiftungen gegründet, die eine ihnen besonders am Herzen liegende Sache fördern, wie es vor ihnen auch Rockefeller, Ford oder Carnegie getan haben. Aber die Zeiten sind heute andere, und Stiftungen allein sind nicht ausreichend. In den zwanziger und dreißiger Jahren hatte noch niemand vermutet, dass die Aktivitäten eines Unternehmens, das einzig und allein gute Geschäfte machen will, negative Konsequenzen für die Gemeinschaft haben könnten. Offensichtlich brauchte die Gesellschaft ja Automobile, Benzin, Stahl und die sonstigen Produkte und Dienstleistungen, die die Firmen lieferten. Wenn ein Wirtschaftsführer damals sozial engagiert war, bedeutete dies noch nicht, dass er die Zielsetzung seines Unternehmens ändern musste. Die dahinterstehende Vorstellung bestand darin, die Arbeiter und Angestellten fair zu behandeln und sich nebenbei noch für sozial nützliche Zwecke zu engagieren.

Doch heute ist es nicht mehr ausreichend, in philanthropischer Absicht Gutes zu tun, während man sich ansonsten darauf konzentriert, auf dem Weltmarkt möglichst »gut abzuschneiden«. Die Schäden, die Konzerne anrichten, wenn sie allein auf Gewinnmaximierung aus sind, werden durch die Finanzierung wohltätiger Organisationen nicht wettgemacht, mit wie viel Geld diese auch ausgestattet sein mögen. Heute wäre es notwendig, dass diejenigen, die den Reichtum und die Macht besitzen, Großunternehmen zu kontrollieren, zu Kräften werden, denen es um das Gemeinwohl geht und die nicht nur wohltätige Aktivitäten entfalten, sondern die Orientierung ihrer Firmen ändern.

Die soziale Zielsetzung dient den gemeinsamen Interessen von Wirtschaft und Gesellschaft. Dies wäre durchaus keine willkürliche Entscheidung, sondern eine zeitgerechte Weiterentwicklung der Stakeholder-Philosophie, die in der Erkenntnis wurzelt, dass der Stakeholder eines Unternehmens unter dem Strich die Gesellschaft als ganze ist. Würde die Wirtschaft diesen Schritt tun, so wäre das in der Tat ein »riesiger Schritt für die Menschheit«, denn dies würde die Privatwirtschaft in den Kreis der Kräfte einreihen, die sich dem Gemeinwohl verpflichtet fühlen.

Basisdemokratische Unterstützung für die soziale Zielsetzung: Die Ökonomie ist stark vom Markt abhängig, und der Markt reagiert wiederum äußerst sensibel auf Nachfrage und damit auf die Zustimmung der Käufer. Wenn die Menschen es annehmbar finden und sich damit abgeben, dass die Wirtschaft so weitermacht wie bisher, nur mit einer minimalen Verbesserung, was Nachhaltigkeit und Umweltfreundlichkeit betrifft, dann werden die Unternehmen mit ihren altbewährten Strategien der reinen Profitorientierung weiterhin »gut abschneiden« und keine Notwendigkeit sehen, eine Umstrukturierung vorzunehmen. Doch wenn das Denken der Menschen sich wandelt, dann werden sich damit auch die Nachfragemodalitäten auf dem Markt ändern.

Und das Denken der Menschen ändert sich in der Tat. Soziale und ökologische Wertorientierungen tauchen in weiten

Schichten der Bevölkerung auf und haben einen merklichen Einfluss auf Konsumentscheidungen und Präferenzen. In den Vereinigten Staaten erreichte der Markt für das »wertorientierte Gewerbe« bereits im Jahr 2000 eine Größenordnung von 230 Milliarden Dollar; die *New York Times* nannte ihn »den größten Markt, von dem Sie je gehört haben«.

In ihrem Buch *Megatrends 2010* führt die amerikanische Trendforscherin Patricia Aburdene aus, dass wertbewusste Verbraucher, womit Menschen gemeint sind, die einen Lebensstil von »Gesundheit und Nachhaltigkeit« bevorzugen, in fünf Wirtschaftsbereichen ein schnell wachsendes Segment darstellen:

- im Bereich Nachhaltigkeit, wozu ökologisch bewusstes Bauen, Technologien für erneuerbare Energien und sozial verantwortungsbewusstes Investment gehören.
- im Bereich gesundes Leben, der sich auf dem Markt als Nachfrage nach gesunden und organischen Nahrungsmitteln, Nahrungsergänzungsmitteln und natürlicher Körperpflege manifestiert.
- im Bereich alternativer Heilkunde, zu dem Wellness-Einrichtungen und Dienstleistungen aus der Alternativmedizin gehören.
- im Bereich persönlicher Entwicklung, der aus Seminaren, Kursen und Veranstaltungen zum Thema »Körper, Geist und Seele« besteht.
- im Bereich ökologischer Lebensstil, der sich in Form von umweltfreundlich produzierten und recycelbaren Produkten manifestiert, auch in einem Ökotourismus.

DIE SANYO-ERFAHRUNG

Ein Beitrag von Tomoyo Nonaka,
Konzernchefin von Sanyo Electric von 2005 bis 2007
und gegenwärtig Vorstandsvorsitzende
der gemeinnützigen Gaia Initiative (Japan)

Als Vorstandsvorsitzende von Sanyo Electric widmete ich mich zuerst der Aufgabe, die Aktivitäten des Konzerns nach einer neuen Vision auszurichten. Als ich den Posten im Jahr 2005 übernahm, war Sanyo mit 100000 Angestellten weltweit eines der größten Unternehmen für Haushaltselektronik – mit mehr als dreißig Geschäftsbereichen, einem Umsatz von etwa 25 Milliarden Dollar und Passiva von mehr als zehn Milliarden Dollar. Die Zielsetzung des Konzerns war es, bis zum Jahr 2010 einen jährlichen Umsatz von etwa 100 Milliarden Dollar zu erreichen. Jede Abteilung des Unternehmens sollte sich auf ihren eigenen Geschäftsbereich konzentrieren und diesen ausbauen, um ihre jeweiligen Umsatzziele zu erreichen.

Die einzelnen Geschäftsbereiche arbeiteten getrennt voneinander. Jeder hatte sein eigenes technologisches Know-how, ein riesiges Potenzial, in das ich mich im Verlauf der vorangegangenen drei Jahre als Aufsichtsratsvorsitzende regelrecht verliebt hatte. Ich war mir sicher, dass wir unsere Ziele erreichen konnten, wenn wir uns nur alle dessen bewusst würden, dass wir zu einer einzigen Familie gehörten.

Die von mir entwickelte Vision für Sanyo Electric nannte ich »Gaia-Bewusstsein«. Es war mein Plan, ein Unternehmen zu schaffen, das sein technologisches Know-how dazu benutzt, Produkte herzustellen, die zur Lösung der Umweltprobleme, vor denen wir heute stehen, beitragen und den Menschen einen zukunftsfähigen Lebensstil auf diesem Planeten ermöglichen. Ich war mir sicher, dass dieses Know-how für Gaia, die Erde, bitter nötig sei.

Um diese Vision umzusetzen, kreierte ich einen Dreijahresplan, der darauf abzielte, die Geschäftsfelder des Konzerns neu zu organisieren und die ökonomischen Grundlagen zu verbessern. Der Entwicklungsplan definierte Bereiche, zu denen drei Produktlinien gehörten:

1. *Blauer Planet* – die Produktlinie, die auf die globale Umweltproblematik antwortet.
2. *Genesis III* – die Produktlinie, die dazu beiträgt, saubere Energie für die Gesellschaft bereitzustellen.
3. *Harmonische Gesellschaft* – die Produktlinie, die den Menschen hilft, in Harmonie mit der Erde zu leben.

Zusätzlich zur Neuorganisation von Forschung und Entwicklung im Hinblick auf die neue Mission schuf ich die »Inkubationsplattform für das Gaia-Bewusstsein«, auf der abteilungs- und themenübergreifende Teams und Aktivitäten entstehen sollten, die direkt dem Top-Management unterstellt waren.

Diese Maßnahmen bauten die Barrieren zwischen den einzelnen Geschäftsbereichen wie Forschung und Entwicklung, Marketing und Produktion und Design ab. Die Belegschaft begann für ein gemeinsames Ziel zu arbeiten, und ich sah, wie sich dieser neue Geist in lächelnden und strahlenden Gesichtern im ganzen Unternehmen widerspiegelte. Innerhalb kurzer Zeit führte Sanyo zehn neue Gaia-Bewusstsein-Produkte ein sowie die folgenden vier »Weltneuheiten«:

1. *Eneloop-Batterien:* Das sind Batterien, die bis zu tausendmal wieder aufgeladen werden können. Eine Eneloop-Batterie macht die Entsorgung von eintausend Trockenbatterien überflüssig. Durch das Zusammenwirken verschiedener Geschäftsbereiche und die Nutzung ihrer jeweiligen Technologien entwickelten wir eine kleine Solarstation, die »Eneloop Universe«, mit der die Eneloop-Batterie aufgeladen werden konnte.
2. *Aqua:* Dahinter verbirgt sich eine Waschmaschine mit Trockner, die in Zusammenarbeit von zwei Geschäftsbereichen entwickelt wurde. Sie reduzierte den Wasserverbrauch in einem Waschgang von zweihundert auf acht Liter, indem das benutzte Wasser gereinigt und durch Ozon-Technologie ein »Waschen mit Luft« ermöglicht wurde.
3. *Enegreen:* Eine übergreifend entwickelte innovative Methode, den Elektrizitätsverbrauch von Klimaanlagen, Kühlschränken und Tiefkühltheken in Geschäften und Supermärkten zu reduzieren. Enegreen absorbiert so viel CO_2 wie ein Wald mit einer Fläche, die hundertdreißigmal größer ist als die des Ladens, in dem diese Technik installiert ist.
4. *Virus-Washer:* Dies ist ein Luftreiniger, der bis zu 99 Prozent der in der Luft enthaltenen Viren eliminiert, einschließlich des Vogelgrippe-Virus. Hierzu wird eine Technologie der Elektrolyse von einfachem Leitungswasser verwendet.

Während ich als Vorstandsvorsitzende tätig war, kam es bei Sanyo innerhalb der ersten beiden Jahre zu drastischen Umstrukturierungen. Im Rahmen des Dreijahresplans stieg der Reingewinn aus den roten in die schwarzen Zahlen, mit einem operativen Ergebnis von etwa 750 Millionen Dollar und einem Nettogewinn von 280 Millionen Dollar für das 2008 zu Ende gehende Geschäftsjahr. Ich hatte jedoch während meiner gesamten Amtszeit mit von Investoren bestellten Mitgliedern des Aufsichtsrats darum zu kämpfen, wie das Unternehmen zu führen sei. Sie meinten, die Vision eines Gaia-Bewusstseins sei zu »naiv« und zu »feminin«, um die erwünschten Profite zu erzielen.

Die Konflikte mit den Investoren und dem Aufsichtsrat führten dazu, dass ich im März 2007 vom Posten der Vorstandsvorsitzenden von Sanyo zurücktrat. Ich gründete daraufhin die Gaia-Initiative, eine gemeinnützige Organisation, innerhalb derer ich meine Lebensmission fortführe. Die Sanyo-Manager, die die Gaia-Vision übernommen haben, arbeiten im neuen Firmenrahmen weiterhin in diesem Sinn. Ich hoffe und glaube, dass die Art von sozialer und ökologischer Vision, die ich bei Sanyo einführte, sich in der Welt ausbreiten und zu einem Wandel bei den Zielsetzungen von Firmen beitragen wird.

Der sozial engagierte italienische Unternehmer Marco Roveda hat LifeGate aufgebaut, eine höchst erfolgreiche Organisation, die dem Umsteigen von einer »Zivilisation des zwanghaften Konsumierens« zu einer »Zivilisation des bewussten Konsumierens« gewidmet ist.

Nach Ansicht von Roveda verlangt dies einen Wandel

- vom Haben zum Sein;
- von einem Leben auf Kosten der Natur zu einem Leben in Einklang mit dem Ökosystem;
- von einer auf Genmanipulation und Pestiziden basierenden Landwirtschaft zu organischer Landwirtschaft;
- von einer Wahl der Arbeit, die auf bloßer Existenzsicherung beruht, zu einer, die sinnvoll ist;

- von der Überwältigung anderer zur Fürsorge für andere;
- von einem oberflächlichen zu einem sinnvollen Leben;
- von »Geschäft ist Geschäft« zu »Leben ist Leben«;
- vom Eigeninteresse zu den Interessen der Gemeinschaft;
- von Bekanntschaften, die im beiderseitigen Interesse sind, zu wahren Freundschaften;
- von der Ausbeutung zum Respekt;
- von Konditionierung zu Freiheit;
- von unbedachtem Konsum zu ethischem Konsum;
- von bloßer Förmlichkeit zu Aufrichtigkeit;
- vom Standpunkt des Zuschauers zu dem des Teilnehmers;
- von Geld zu Liebe.[10]

In vielen Teilen der Welt kommt es zu ähnlichen Neuorientierungen. Dies weist auf eine Grundströmung in der Gesellschaft hin, die von wesentlicher Bedeutung für die Wirtschaft ist.

Die Zielsetzungen der persönlichen Verantwortlichkeit

Im Vorwort zu diesem Buch schreibt Michel Gorbatschow:

> Wir dürfen nicht warten, bis die Krise unserer Gesellschaft den Umschlagpunkt erreicht hat. Wir müssen handeln! Jeder einzelne Mensch kann handeln. Wenn jeder seinen Beitrag leistet, können wir zusammen das vollbringen, was Not tut. Wir können Einfluss nehmen auf diejenigen, die über die Politik und das Geschick unserer Gesellschaft entscheiden, und wir können sie dazu bringen, die notwendigen Veränderungen in die Wege zu leiten. Es geht nicht nur um Umstrukturierungen, die die Krise bewältigen, sondern um

10 Siehe: www.lifegate.it

> einen grundlegenden Wandel, der uns den Weg zum Überleben weist, zu einer gesunden Entwicklung für Mensch und Natur, und zu einer besseren Lebensqualität für alle.

Und Barack Obama bestätigt diese Ansicht:

> Der Wandel wird nicht eintreten, wenn wir auf andere Menschen oder eine andere Zeit warten. Wir selbst sind diejenigen, auf die wir gewartet haben. Wir sind der Wandel, den wir suchen.

Es ist notwendig geworden, dass die Art und Weise, wie wir leben und denken, sich grundlegend wandelt. Wir müssen von einigen alten und lange gehegten Werten und Überzeugungen Abschied nehmen, die Ethik, nach der wir uns orientieren, aktualisieren, und wir müssen unser Bestes tun, unser Bewusstsein zu entwickeln, also in der lebenswichtigen inneren Dimension wachsen.

Der Abschied von alten Werten

Die Krise, die unsere Wirtschaft heimsucht, ist eine Krise unserer Zivilisation. Die Werte, die uns teuer sind, sind eben die, die uns in diese Situation gebracht haben. Der Zusammenbruch unserer Wirtschaft ist auch als eine Metapher für den Zusammenbruch einiger unserer bisherigen Wertvorstellungen zu sehen … Die einzige Hoffnung liegt in einer gründlichen Hinterfragung unserer ethischen Prinzipien, nach denen wir in den vergangenen dreißig Jahren gelebt haben.

Ben Okri, The Times (London),
3. Oktober 2008

Der Naturwissenschaftler Werner Heisenberg sagte einmal, das Problem mit den Physikern sei nicht, dass sie nicht *lernen*, sondern dass sie nicht *vergessen* könnten. Mit diesem Problem schlagen sich aber nicht nur die Physiker herum, es betrifft uns alle. Wir brauchen dringen neue Werte, und doch halten wir an den alten fest. Das ist in der Tat ein Problem, denn die Werte, die für die vergangenen Jahrzehnte kennzeichnend waren, sind überholt. Die Überzeugungen und Wahrnehmungen, auf denen sie beruhten, sind hinfällig und in manchen Fällen sogar regelrecht gefährlich.

Einige Werte, die wir vergessen müssen

1. Der Wert des Bekommens. In unserem Umgang mit anderen geht es unter dem Strich immer darum: Was bekomme ich dafür? Der Rest ist bloßer Zierrat, nicht wirklich wertvoll und interessant.

Falsch! Geben ist nicht nur ebenso viel wert wie nehmen und bekommen, sondern sogar weitaus mehr. Wir sind soziale Wesen, und etwas für andere zu tun, macht uns Freude, ob wir das zugeben oder nicht. Würden wir den Akt des Gebens nicht wertschätzen, dann gäbe es keine wirkliche Basis für ein Gemeinschaftsleben und damit auch nicht für ein Familienleben. Aus Menschen, die nur so viel wie nur möglich aus anderen herauspressen wollen, könnte niemals eine funktionstüchtige Gesellschaft entstehen.

In vielen traditionellen Gemeinschaften ist der Wert des Gebens ein wichtiger Teil der Kultur. Als ein Anthropologe in einer Siedlung amerikanischer Indianer bat, zu den reichsten Männern der Siedlung gebracht zu werden, wurde er mehreren Menschen vorgestellt, die alle etwa denselben Lebensstandard hatten. Als der Wissenschaftler schließlich fragte, wer das denn sei, der da in diesem luxuriösen Haus mit Doppelgarage lebe, sagte man ihm: »Der ist nicht reich. Der hat noch all sein Geld.« Reich sind dieser Auffassung nach diejenigen, die das, was sie nicht wirklich brauchen, an die Gemeinschaft weitergeben.

2. Die immense Bedeutung des Geldes. Es gibt eine Relation zwischen materiellem Besitz und Glück. Je mehr Geld wir haben, desto glücklicher sind wir.

Falsch! Der Glaube, dass materieller Reichtum glücklich macht, wird nicht durch Erfahrung bestätigt. Mit Geld kann man sich viele Dinge kaufen, nicht aber Glück und Wohlergehen. Man kann sich Sex kaufen, aber nicht Liebe, Information, aber nicht Weisheit. Seit 1957 hat sich das Bruttosozialprodukt in den Vereinigten Staaten mehr als verdoppelt, aber der Grad an Glücklichsein hat abgenommen: Diejenigen, die von sich sagen, sie seien »sehr glücklich«, machen nur noch 32 Prozent der Bevölkerung aus. Mehr Menschen als je zuvor sagen, sie seien deprimiert. Kein Wunder, denn die Scheidungsrate hat sich seitdem verdoppelt, die Selbstmordrate bei Jugendlichen sogar mehr als verdoppelt, und die Gewaltdelikte haben sich verdreifacht. Die Leute haben große Häuser, aber ein zerstörtes Familienleben, ein hohes Einkommen, jedoch vielfach eine niedrige Moral, gesicherte Rechte, aber wenig Anstand.

3. Die unkritische Überbewertung der Technologie. Was auch immer zur Frage steht, Technologie ist die Antwort; es bringt nichts, anderweitig nach einer Antwort zu suchen. Wenn heute keine Technologie zur Verfügung steht, um ein Problem zu lösen, dann können wir ja eine entwickeln, um wenigstens morgen eine passende parat zu haben.

Falsch! So machtvoll die Technologie auch sein mag, letztlich ist sie nur ein Instrument. Ihr Nutzen hängt davon ab, was für eine Art von Technologie wir einsetzen und wie wir sie benutzen. Selbst die beste Technologie ist ein zweischneidiges Schwert. Atomreaktoren produzieren eine fast grenzenlose Menge an Energie, aber der Atommüll und die Störanfälligkeit von Kernkraftwerken sind ungelöste Probleme. Durch Genmanipulation lassen sich virusresistente und proteinreiche Pflanzen und verbesserte Nutztierrassen züchten, man kann dadurch große Mengen an tierischen Proteinen produzieren und Mikroorganismen kreieren, die Hormone generieren, und man kann die Photosynthese zur Erzeugung von energiereichen Stoffen intensivieren. Doch mit derselben Technologie lassen sich auch tödliche biologische Waffen und krankmachende Mikroorganismen herstellen, und man kann mit ihr das Gleichgewicht der Natur zerstören.

Informationstechnologien können zu einer global vernetzten, jedoch lokal diversifizierten Welt führen, sie können es jeder Person, ganz gleich, wo sie sich befindet, ermöglichen, mit anderen in Kontakt zu treten. Doch Informationsnetzwerke, die von mächtigen Gruppen ins Leben gerufen wurden, nivellieren durch ihre Dominanz letztlich die Meinungsvielfalt und dienen nur einer wohlhabenden Minorität.

4. Die Anbetung des Neuen und des letzten Modetrends. Alles, was neu ist, ist besser als (fast) alles, was aus dem letzten oder vorletzten Jahr stammt.

Stimmt nicht immer! Es ist keineswegs so, dass die neuesten Dinge stets besser sind als die alten, manchmal sind sie sogar schlechter – mithin teurer, weniger haltbar, komplizierter, schwieriger zu handhaben und schädlicher für die Gesundheit und die Umwelt. Das Alte muss nicht unbedingt auf die Müllkippe; es ist oft langlebiger, sorgfältiger produziert und mehr in Einklang mit der Kultur und der Tradition als das Neue.

5. Der Fetisch der Effizienz. Um erfolgreich zu sein, müssen wir das Maximum aus jeder Person und jeder Maschine herausholen, ganz gleich, was produziert wird oder ob es einem menschlich und gesellschaftlich nützlichen Zweck dient.

Falsch! In der heutigen Welt ist Arbeitseffizienz ohne Rücksicht auf das, was hergestellt wird und wem es zugute kommt, eine kurzsichtige Strategie. Sie dient allein den Interessen der großen Konzernchefs und verantwortungsloser Shareholder und führt zu zunehmender Arbeitslosigkeit, Armut und Unzufriedenheit.

6. Mein Land geht »über alles« – der Wert des klassischen Patriotismus. Ich schulde nur einer Nation, einer Fahne und einer Regierung Loyalität.

Überbewertet und in der Praxis oft irreführend! Wir haben alle mehr oder weniger multiple Identitäten und Zugehörigkeiten. Wir könnten diese ausdehnen und uns bewusster machen. Es gibt nichts, was es uns verbietet, unsere Loyalität über die Ebene unseres Bundesstaats, unserer Region oder unseres Landes hinaus auszuweiten. Amerikaner sind ebenso Neuengländer, Texaner, und Südstaatler, und diese wiederum Amerikaner. Europäer sind ebenso Engländer, Deutsche, Franzosen, Spanier, Italiener und so weiter, wie sie Europäer sind. Wir können uns unserer lokalen Kommune verpflichtet fühlen, ohne unsere Loyalität gegenüber unserer Provinz oder unserer Nation aufgeben zu müssen. Wir können uns unserer Region verpflichtet und zugleich einer ganzen Kultur, ja, sogar der ganzen menschlichen Familie verbunden fühlen.

Die gefährlichen Mythen

Die Werte, die wir vergessen müssen, werden von Mythen aufrechterhalten, die nicht nur überholt, sondern tatsächlich gefährlich geworden sind.

Die Erde ist unerschöpflich: Die Vorstellung, dass die Erde eine unerschöpfliche Quelle von Ressourcen und eine unendlich aufnahmefähige Müllkippe ist, gehört zu den besonders gefährlichen Mythen. Der Ursprung dieses Mythos reicht Tausende von Jahren zurück. In ferner Vergangenheit wäre kaum jemand auf den Gedanken gekommen, dass man seine eigene Umwelt zerstören, ihre essenziellen Rohstoffe erschöpfen und die natürlichen Zyklen aus dem Gleichgewicht bringen könnte. Wenn ein Stamm oder ein Dorf die Wälder in seiner Umgebung abgeholzt oder auf andere Weise Raubbau an seiner Umwelt begangen hatte, dann zog man einfach weiter. Heute bleiben keine Gebiete mehr, in die man ausweichen könnte. In einer über den ganzen Globus ausgeweiteten Zivilisation, die sich machtvoller Technologien bedient, führt der Glaube an die Unerschöpflichkeit der Erde zu einer Ausbeutung der natürlichen Ressourcen und einer ebenso wenig zukunftsfähigen Störung der natürlichen Zyklen und des Gleichgewichts der Biosphäre.

Die Natur ist ein riesiger Mechanismus: Dieser Mythos entstammt der Newtonschen Weltanschauung. Er war für die Arbeit mit mittelalterlichen Technologien – Wasser- und Windmühlen, Pumpen, mechanische Uhren und von Tieren gezogene Pflüge und Karren – brauchbar. Aber er ist in einer komplexen Welt wie der heutigen hinfällig geworden. Dennoch handeln die meisten Menschen noch so, als könnten sie die Natur manipulieren wie eine Maschine. Das führt zu einer Fülle von »Nebenwirkungen«, wie etwa der Verschmutzung des Wassers, der Luft und der Böden bis hin zu einer Veränderung des Klimas.

Das Leben ist ein Kampf, in dem nur der Stärkere überlebt: Dieser Mythos basiert auf einem scheinbar »wissenschaftlichen« Konzept, nämlich Darwins Theorie der natürlichen Auslese. Der britische Naturforscher behauptete, dass in der Gesellschaft wie in der Natur »nur der Stärkere überlebt«. Wenn man überleben will, dann musst man besser für den »Kampf des Lebens« gerüstet sein als andere – man musst schlauer, ehrgeiziger, wagemutiger, reicher und mächtiger sein. (Um Darwin nicht Unrecht zu tun, sollten wir erwähnen, dass er vom *»survival of the fittest«* sprach, was oft als »Überleben des Stärkeren« verstanden wird, aber eigentlich »Überleben des Bestangepassten« bedeutet. Darwin meinte mit *»fittest«* nicht den Stärksten und Mächtigsten, sondern den Sensibelsten und Wandlungsfähigsten.) Der Mythos vom Überleben des Stärkeren ist gefährlich, denn er führt zu einer immer weiteren Kluft zwischen Reichen und Armen und konzentriert Reichtum und Macht in den Händen weniger cleverer, aber oft skrupelloser Spekulanten, Geschäftsleute und Politiker.

Der Markt korrigiert wirtschaftliche Diskrepanzen und Ungerechtigkeiten: Der Mythos des Marktes ist eng verbunden mit dem des Überlebens des Stärkeren. Anders als in der Natur, wo die Konsequenz der »Fitness« die Ausbreitung und Vorherrschaft einer bestimmten Spezies ist, während andere an den Rand gedrängt werden oder aussterben, behauptet der Mythos vom Markt, dass es in der Gesellschaft einen Mechanismus gibt, der die Gewinne verteilt, statt sie sich nur bei den Fitten ansammeln zu lassen. Der favorisierte Mechanismus ist der freie Markt, der von dem gelenkt wird, was der schottische Ökonom Adam Smith die »unsichtbare Hand« nannte. Der freie Markt agiert gerecht, nach dem Prinzip: Wenn du erfolgreich bist, nützt das nicht nur dir selbst, deiner Familie und deiner Firma, sondern auch der Gemeinschaft.

Der Mythos von einem gerechten Markt ist beruhigend für die Reichen, doch dabei wird die Tatsache übersehen, dass dieser Markt die Gewinne nur unter Bedingungen eines nahezu idealen Wettbewerbs gerecht verteilt, wobei das Spielfeld eben zu sein hat und die Spieler mehr oder weniger die gleiche Zahl von Chips besitzen. In der realen Welt ist das Spielfeld jedoch durch Hindernisse gekennzeichnet, die sich für die jeweiligen Mitspieler anders gestalten, und bei der Verteilung des Reichtums kann nur von einer massiven Schieflage gesprochen werden. So ist es nicht weiter verwunderlich, dass 40 Prozent aller Menschen nur drei Prozent des globalen Vermögens besitzen, während das Vermögen der insgesamt 793 Milliardäre – auch wenn es 2009 im Vergleich zum Vorjahr von 4,4 Billiarden Dollar auf 2,4 Billiarden Dollar gesunken ist – immer noch dem jährlichen Einkommen von beinahe der Hälfte der Weltbevölkerung entspricht. Der US-Ökonom Jeffrey Sachs hat gute Gründe, wenn er in seinem Artikel »Common Wealth« [wörtlich: »Gemeinsamer Reichtum«] zu dem Schluss kommt, dass es im Hinblick auf die großen Herausforderungen unserer Zeit – die Beendung von extremer Armut, die Schaffung einer nachhaltigen Umwelt und die Stabilisierung des Bevölkerungswachstums – nicht ausreicht, sich auf die Kräfte des Marktes zu verlassen.[11]

Je mehr du konsumierst, desto besser bist du. Dieser Mythos ist weit verbreitet und beinhaltet eine Entsprechung: Je größer und dicker die Brieftasche, umso angesehener und wertvoller ist der Besitzer der Geldbörse.

In der Vergangenheit wurde die Gleichsetzung von menschlichem und finanziellem Wert ganz bewusst propagiert. Die Unternehmen scheuten sich nicht, den grenzenlosen Konsum als eine realistische Möglichkeit und den Prestigekonsum als Ideal anzupreisen. Vor fünfzig Jahren sagte der amerikanische Einzelhandelsanalyst Victor Lebow klipp und klar: »Unsere enorm produktive Wirtschaft verlangt, dass wir den Konsum zu unserem Lebensstil, dass wir aus dem Kaufen und dem Verbrauch von Waren ein Ritual machen und dass wir unsere spirituelle Befriedigung und die unseres Egos im Konsum suchen. Die Wirtschaft ist darauf angewiesen, dass wir Dinge immer schneller konsumieren, verbrennen, abnutzen, ersetzen und wegwerfen.«[12]

Der Konsummythos wird heute nicht mehr so unverhohlen propagiert, aber er ist immer noch sehr machtvoll. Aktuell besagt er, dass wir umso reicher werden, je schneller die Wirtschaft wächst: Das wirtschaftliche Wachstum, gemessen am Bruttosozialprodukt, erzeugt den Reichtum, den wir brauchen, damit es jedermann gut geht, damit alle glücklich sein und wir die Armut beenden und die Umwelt heilen können. Mit anderen Worten: Bei einer steigenden Flut werden alle Boote gleichermaßen angehoben.

Der »Konsum-gleich-Reichtum-gleich-Glück«-Mythos trieb den modernen Warenrausch an: Die Menschheit hat seit 1950 so viele Güter und Dienstleistungen konsumiert wie alle voran-

---

11 Übersetzt nach *TIME*, 24. März 2008

12 Übersetzt nach Alan During: *How Much Is Enough*. New York 1992

gegangenen Generationen zusammen. Unmengen von Ressourcen sind heute nur noch giftiger Müll, und der Gewinn durch den enormen Verbrauch ist nur einigen wenigen Reichen zugute gekommen, die an jeder Transaktion verdienen, ob diese nun einem menschlich und sozial nützlichen Zweck dient oder die Rohstoffe erschöpft und die Umwelt zerstört.

Unsere Ethik aktualisieren

Weil die globale wechselseitige Abhängigkeit verlangt, dass wir in Harmonie miteinander leben, brauchen die Menschen Regeln und Einschränkungen. Die Ethik gibt die Mindeststandards vor, die ein gemeinsames Leben aller möglich machen. Ohne Ethik und eine Selbstbeschränkung, die ihr Resultat ist, würde die Menschheit zum Überleben des Stärkeren zurückkehren.
Die Welt braucht ein ethisches Fundament, auf dem wir stehen.

UNIVERSELLE ERKLÄRUNG DER MENSCHENVERANTWORTUNG
The InterAction Council, April 1990

Unsere Ethik definiert unsere Werte und setzt unsere Prioritäten. Sie wird ein wesentlicher Faktor für die uns bevorstehende Schicksalsentscheidung sein: ob wir es zulassen, dass wir in eine Katastrophe hineindriften, oder ob wir bewusst in Richtung einer friedlicheren und nachhaltigeren Welt voranschreiten.

Unsere Ethik muss unserem heutigen Dasein angemessen sein. Wir leben in einer global vernetzten und wechselseitig abhängigen Gemeinschaft. Deshalb kann unsere Ethik keine lokale, regionale, ethnische oder nationale Handlungsnorm sein – sie muss eine *planetare Ethik* sein. Diese zeichnet sich nicht durch Homogenität aus, sondern ist vielmehr eine Ethik, die auf den humanistischen Welttraditionen beruht, also auf denen des Judentums, des Christentums, des Islams, des Hinduismus, Buddhismus, Schintoismus, Daoismus, Konfuzianismus sowie auf denen der animistischen Kulturen der eingeborenen Völker.

Seit Tausenden von Jahren haben die Weltreligionen ihren Anhängern moralische Handlungsanweisungen angeboten. Beispiel dafür sind die Zehn Gebote der Juden und Christen oder das Gebot des »Rechten Handelns« bei den Buddhisten. Heute hat die Bedeutung der auf Religion basierenden ethischen Vorstellungen aufgrund der Autorität der Naturwissenschaften abgenommen. Allerdings vermochten die Naturwissenschaftler uns keine auf wissenschaftlichen Theorien beruhende Kodizes moralischen Verhaltens anzubieten. Es hat zwar einige wenige solcher Versuche gegeben, aber sie alle wurden wieder aufgegeben. Im späten 18. Jahrhundert war es etwa Saint-Simon, im frühen 19. Jahrhundert Auguste Comte, und im späten 19. und frühen 20. Jahrhundert Émile Durkheim, die sich bemühten, »positive«, das heißt auf wissenschaftlicher Beobachtung und Experimenten basierende Verhaltenskodizes zu entwickeln. Doch diese Bemühungen liefen dem modernen Wissenschaftsideal der »reinen Objektivität« entgegen, und so wurden sie vom Mainstream der wissenschaftlichen Gemeinschaft nicht aufgegriffen.

In den neunziger Jahren begannen jedoch sowohl Wissenschaftler als auch Politiker zu erkennen, dass wir Prinzipien brauchen, die universelle Verhaltensnormen formulieren. Die Union of Concerned Scientists, eine Vereinigung führender Akademiker für Abrüstung und Umweltschutz, veröffentlichte 1993 ein Manifest über »eine neue Ethik«, das von 1670 Wissenschaftlern (darunter 102 Nobelpreisträger) aus siebzig Ländern unterzeichnet ist. Darin heißt es: »Diese Ethik muss eine große

Bewegung motivieren, die die unwilligen Eliten und die unwilligen Regierungen und sogar die unwilligen Völker davon überzeugt, die notwendigen Veränderungen vorzunehmen.« Die Wissenschaftler stellten unsere Verantwortung zur Fürsorge für die Umwelt heraus und mahnten an, dass »ein großer Wandel in unserem Amt als Verwalter der Erde und in unserem Leben auf der Erde nötig ist, wenn wir riesiges menschliches Elend vermeiden und unser globales Heim auf diesem Planeten nicht auf unrettbare Weise zerstören wollen«. Der Mensch und die Natur, so fuhren sie fort, befinden sich auf einem Kollisionskurs, mit der möglichen Folge, dass unsere Umwelt sich drastisch verändern wird. Und zwar so drastisch, dass ein Leben, wie wir es kennen, nicht mehr aufrechterhalten werden kann.

Im November 2003 ließ eine Gruppe von Nobelpreisträgern, die sich in Rom versammelt hatten, verlautbaren: »In den Beziehungen zwischen den Nationen ist eine Ethik von überragender Bedeutung. Nationen müssen andere Nationen so behandeln, wie sie selbst behandelt werden möchten. Die mächtigsten Nationen müssen erkennen, dass es aus dem Walde herausschallt, wie man hineinruft.« Und im November 2004 mahnten dieselben Wissenschaftler: »Der Terrorismus lässt sich nur besiegen, wenn wir zu gemeinsamen ethischen Werten – etwa Respektierung der Menschenrechte und der grundlegenden Freiheiten – stehen und demokratische Prinzipien zur Geltung kommen lassen. Wir müssen etwas gegen die Ursachen des Terrorismus tun, gegen Armut, Unwissenheit und Ungerechtigkeit; wir dürfen nicht auf Gewalt mit Gegengewalt zu reagieren.«

Eine Ethik ist in der Praxis nur dann effektiv, wenn die Menschen es sinnvoll und lohnend finden, danach zu leben. Das trifft auch auf eine planetare Ethik zu. Eine solche Ethik muss das absolute Minimum von Verhaltensnormen formulieren, die mit einer Verantwortung für das Leben auf dieser Erde in Einklang stehen. Sie unterscheidet sich immens von Wertvorstellungen, die davon ausgehen, dass der Mächtigere recht hat,, dass der Stärkere überlebt, ja, sie ist diesen Verhaltenskodizes sogar diametral entgegengesetzt. Der angesehene britische Biologe Thomas Henry Huxley formulierte diese neue Auffassung bereits vor über einhundert Jahren:

> Die Praxis dessen, was ethisch das Beste ist – also das, was wir Güte oder Tugend nennen –, beinhaltet ein Verhalten, das in jeder Hinsicht dem widerspricht, welches zu Erfolg im kosmischen Existenzkampf führt. Anstelle rücksichtsloser Selbstbehauptung verlangt sie Selbstbeschränkung; sie verlangt, dass das Individuum seine Mitmenschen nicht nur respektiert, sondern ihnen tatsächlich beisteht, statt alle Konkurrenten aus dem Weg zu räumen oder niederzutrampeln. Sie ist nicht so sehr darauf aus, das Überleben des Stärkeren zu sichern, als vielmehr so viele Menschen wie möglich zum Überleben stark zu machen.[13]

Heute, auf einem Planeten mit beinahe sieben Milliarden Bewohnern, die mit schwindenden Ressourcen und in einer sich verschlechternden Umwelt leben, ist es von größter Dringlichkeit, dass wir eine Ethik annehmen, die »so viele Menschen wie möglich zum Überleben stark macht«. Das grundlegende Prinzip einer planetaren Ethik muss lauten: *Lebe auf eine Weise, die es auch allen anderen möglich macht zu leben.*

---

13 Übersetzt nach Thomas Henry Huxley: »The Struggle for Existence in Human Society«. In: Evolution and Ethics and Other Essays. Hrsg. v. Thomas Henry Huxley. New York/ London 1925

Auch wenn dieses Prinzip einfach und sinnvoll erscheint, ist es doch nicht leicht, es zu befolgen. Bewusst oder unbewusst hängen die meisten Menschen jener Ethik an, die das Überleben des Stärkeren propagiert, oder der Ethik des klassischen Liberalismus, die da lautet: »Leben und leben lassen.« Anders gesagt: Du kannst dich dem Konkurrenzkampf widmen, so viel du magst, und du kannst tun, was du willst, solange du keine Gesetze brichst (oder solange du dich nicht erwischen lässt, wenn du sie brichst). Heute reicht das nicht mehr aus. Manchmal verdrängen die Reichen und Mächtigen ihre weniger gut ausgestatteten Konkurrenten auf zwar legale, aber letztlich nicht legitime Weise, ebenso wie sie einen unverhältnismäßig großen Anteil der Ressourcen, die auf alle verteilt werden sollten, für sich beanspruchen, wodurch sie absichtlich oder unabsichtlich den Armen und Machtlosen den Zugang zu lebenswichtigen Ressourcen versperren. Wenn gilt, dass der Stärkere überlebt, dann lässt sich die Mehrzahl der Menschen auf dieser Erde nicht zum Überleben stark machen.

Wollen sich die Reichen an das Prinzip »Lebe auf eine Weise, die es allen anderen ebenfalls möglich macht zu leben« halten, so verlangt dies, dass sie ihre Zielsetzungen, ihren Lebensstil und ihr Konsumverhalten ändern. Der Planet verfügt nicht über die Ressourcen, die es *allen* Menschen erlaubt, ein privates Auto zu fahren, in einem eigenen Haus zu leben und die Unmengen von Spielzeugen und Geräten zu benutzen, die heute zum Lebensstil der Reichen gehören. Ein solcher Lebensstil für alle würde zu einer Überbelastung der Erde führen. Darum müssen wir alle mit mehr Fairness und Verantwortlichkeit leben.

Eine planetare Ethik verlangt aber auch von den Armen und von denen, die gerade zu Geld gekommen sind, eine innere

Wandlung: Sie müssen ihrerseits davon ablassen, dem Lebensstil der bereits etablierten Reichen nachzustreben. Für eine Verbesserung der Welt wird es nicht ausreichen, wenn die Amerikaner, Europäer, Japaner und Australier ihre Schadstoffemissionen begrenzen und Energie sparen, die Chinesen und Inder aber gleichzeitig westliche Fahr- und Konsumgewohnheiten annehmen und die Luft, die Böden und die Meere vergiften. Ob man nun reich ist oder arm, in einem »entwickelten Land« oder einem »Entwicklungsland« lebt – um ethisch zu handeln, muss man sicherstellen, dass man auf eine Weise agiert, die es allen Menschen auf dem Planeten möglich macht zu leben.

Im fünften Jahrhundert vor unserer Zeitrechnung schrieb Laozi im 54. Spruch des *Daodejing*:

> Nach deiner Person beurteile die Person des anderen.
> Nach deiner Familie beurteile die Familie der anderen.
> Nach deiner Gemeinde beurteile die Gemeinde
> der anderen.
> Nach deinem Land beurteile das Land der anderen.[14]

Eine planetare Ethik bedeutet, dass jedes Individuum, jede Kommune und jedes Land einen Lebensstil und ein Konsumverhalten annimmt, die einen fairen Anteil von dem in Anspruch nehmen, was als Lebensstil und Konsumverhalten für alle Individuen, Kommunen und Länder auf der ganzen Welt verfügbar ist.

---

14 Zitiert nach Laotse: *Tao te king*. Das Buch des Alten vom Sinn und Leben. Düsseldorf/Köln 1957

Entwickle dein Bewusstsein

Ohne eine globale Revolution in der Sphäre des menschlichen Bewusstseins wird sich nichts zum Besseren verändern ... und die Katastrophe, auf die die Welt zusteuert – die ökologische, soziale, demografische Katastrophe oder der allgemeine Zusammenbruch der Zivilisation –, wird unvermeidlich sein.

Václav Havel,
Rede vor dem US-Kongress, 1991

Diese oft zitierte Aussage des früheren Präsidenten der Tschechoslowakei und der tschechischen Republik ist sehr zutreffend, aber sie ist kein Grund zur Verzweiflung. Sie ist keine Vorhersage, sondern eine »Wenn-dann«-Aussage. *Wenn es* zu keiner globalen Revolution des Bewusstseins kommt, *dann* wird ein allgemeiner Zusammenbruch der Zivilisation stattfinden. Doch ein solcher Satz beinhaltet auch, dass es zu einer globalen Bewusstseinsrevolution kommen *könnte*. Sie herbeizuführen, ist eines der wichtigsten Ziele unserer Tage.

Im Gegensatz zu der skeptischen Sichtweise – dass die Menschen stets selbstsüchtig, gierig und machthungrig waren und es weiterhin sein werden – hat die Geschichte gezeigt, dass das Bewusstsein unserer Spezies durchaus nicht unveränderlich ist. Es hat in der Vergangenheit die unterschiedlichsten Gesellschaften gegeben, und die Menschen, die in diesen lebten, hatten ein ganz anderes Bewusstsein als das heute vorherrschende. Der Unterschied zwischen einer traditionellen, archaischen, klassischen, mittelalterlichen, einer orientalischen und einer modernen westlichen Gesellschaft ist nicht nur eine Differenz hinsichtlich Reichtum und Technologie. Er ist in erster Linie ein Unterschied, der das Bewusstsein der Menschen in diesen Gesellschaften betrifft.

Das Bewusstsein hat sich in der Vergangenheit geändert – und es kann sich auch in Zukunft wieder ändern. Ein positiver Wandel ist dringlich und lebenswichtig. Wie könnten die Menschen ihre Werte, Wahrnehmungen und Verhaltensweisen ändern, wenn sie nicht ihr Bewusstsein veränderten? Wie könnten sie sonst die Entschlossenheit aufbringen, sich zusammenzutun und sich den Herausforderungen zu stellen, denen die Menschheit als Ganze gegenübersteht? Wie könnten sie eine politische Elite wählen, die Projekte der Kooperation und Solidarität unterstützen? Wie könnten sie die Art von Nachfrage erzeugen, die eine ethische Geschäftswelt mit fairen und nachhaltigen Produkten und Dienstleistungen befriedigen könnte? Ohne die Höherentwicklung des Bewusstseins würde die Motivation zu einem Wandel wohl erst durch schwere Krisen und Katastrophen entstehen – und wenn diese erst einmal den Umschlagpunkt erreicht haben, dann wird es zu spät sein:

Die nächste Bewusstseinsevolution. Das Bewusstsein könnte sich auch in unserer Zeit weiterentwickeln, und es könnte sich rechtzeitig entwickeln. Doch wie würde ein höher entwickeltes Bewusstsein aussehen? Einige Mystiker, Philosophen, spirituelle Führer und Sozialwissenschaftler haben ernsthaft über diese Frage nachgedacht.

Der indische Weise Sri Aurobindo (1872–1950) sah das Auftauchen dessen, was er als das »Überbewusstsein« bezeichnete, zuerst bei einigen wenigen und dann bei immer mehr Individuen als ein Anzeichen für eine Entwicklung zur nächsthöheren Stufe des menschlichen Bewusstseins. (Überbewusstsein ist jene

Art des Bewusstseins, das früher bereits im Samâdhi, Satori und ähnlichen Zuständen der Meditation und Erleuchtung aufgetaucht ist.) Der Schweizer Philosoph Jean Gebser definierte das nächste Stadium als das Kommen eines »vierdimensionalen integralen Bewusstseins«, das aus den früheren Stadien des archaischen, magischen und mythischen Bewusstseins hervorgeht. Und der kanadische Mystiker Richard Bucke bezeichnete dieses Stadium als »kosmisches Bewusstsein«, als ein Bewusstsein, das über das einfache Bewusstsein der Tiere und das Ich-Bewusstsein des heutigen Menschen hinausreicht.

Für den deutschen Mystiker Eckhart Tolle ist Bewusstsein wiederum ein Teil des Universums – sein wesentlicher Teil. Es ist die Intelligenz, das organisierende Prinzip hinter der kosmischen Formentstehung, welche den grundlegenden evolutionären Prozess beinhaltet. Heute ist das Bewusstsein so weit entwickelt, dass es Form zu erzeugen vermag, ohne sich in diese zu verlieren – es kann auch dann seiner selbst gewahr bleiben, wenn es Form hervorbringt und diese erfährt. Das nächste Stadium der menschlichen Bewusstseinsevolution ist nach Tolle das des Erwachens – es ist ein Bewusstsein, das die Kunst des »erwachten Tuns« meistert.

Die amerikanischen Sozialwissenschaftler Chris Cowan und Don Beck haben ein mit Farben arbeitendes Schema entwickelt, das sie »Spiraldynamik« nennen.[15] Nach diesem Konzept hat sich das Bewusstsein aus dem strategischen »orangefarbenen« Stadium, das materialistisch und konsum-, erfolgs-, image-, status- und wachstumsorientiert ist, zum konsensuellen

15 Nicht zu verwechseln mit dem ebenfalls Spiraldynamik genannten körpertherapeutischen Ansatz. (Anm. d. Übers.)

»grünen« Stadium des Gleichheitsprinzips und der Orientierung hin auf Gefühle, Authentizität, Teilen, Fürsorge und Gemeinschaft entwickelt. Aktuell ist man in der westlichen Informationsgesellschaft dabei, in das ökologische »gelbe« Stadium überzugehen, wo sich das Bewusstsein auf natürliche Systeme, Selbstorganisation, multiple Realitäten und Wissen fokussiert. In der Zukunft könnte es das holistische türkisfarbene Stadium von kollektivem Individualismus, kosmischer Spiritualität und globalem Wandel erreichen.[16]

Der US-Philosoph Ken Wilber beschreibt eine Evolution mit sechs Ebenen, die von dem physischen Bewusstsein der unbelebten Welt durch das biologische Bewusstsein der Tiere zum mentalen Bewusstsein der gegenwärtigen Menschheit geführt hat. Dieses wiederum könnte in ein subtiles Bewusstsein übergehen, das archetypisch, transindividuell und intuitiv ist. Die Evolution führt weiter zum »kausalen Bewusstsein« und kulminiert im »ultimativen Bewusstsein«, das Wilber »Bewusstsein als solches« nennt.

Auch die spirituellen Traditionen sprechen vom Kommen eines neuen Bewusstseins. Die Prophezeiungen der Maya-Ältesten befinden sich in bemerkenswerter Übereinstimmung mit den oben angeführten Einsichten. Nach Aussage der Maya wird das kommende Zeitalter eines sein, in dem der Äther, das lange übersehene fünfte Element des Universums, vorherrschend sein wird. Carlos Barrios, der Hohepriester und Sprecher der Maya, sagt: »Während die vier traditionellen Elemente [Luft, Wasser, Feuer und Erde] … vergangene Epochen dominiert haben,

16 Die nach dem Modell von Cowan und Beck dem orangenfarbenen Stadium vorausgegangenen Entwicklungsstufen des menschlichen Bewusstseins (Beige, Violett, Rot, Blau) und das möglicherweise auf Türkis folgende Koralle-Stadium sind hier nicht beschrieben. (Anm. d. Übers.)

werden wir es im Zeitalter der Fünften Sonne mit einem fünften Element zu tun haben: dem Äther.« Barrios zufolge ist der Äther ein Medium, das den gesamten Raum durchdringt und Energiewellen in einem breiten Spektrum von Frequenzen überträgt. Eine wichtige Aufgabe in dieser Zeit ist, »zu lernen, die Energie von jedermann und allen Dingen zu spüren oder zu sehen: von Menschen, Pflanzen und Tieren. Dies wird immer wichtiger, da wir uns der Welt der Fünften Sonne annähern, denn dieses Vermögen hat mit dem Element Äther zu tun – dem Bereich, in dem die Energie lebt und wirkt.« (Siehe: www.Sacred.Road.org)

Es ist ein interessantes Zusammentreffen und vielleicht kein Zufall, dass die Physiker heute entdecken, dass sie das Konzept des Äthers zu Unrecht vor etwa einhundert Jahren verworfen haben, als es nämlich nicht gelang, durch Experimente eine Reibung mit ihm nachzuweisen, die man aufgrund der Erdrotation erwartet hatte. Das Konzept des Äthers lässt sich nicht einfach durch das des leeren Raumes (das sogenannte Vakuum) ersetzen. Was die Physiker heute das Quantenvakuum nennen, ist kein leerer Raum. Nach den großen vereinheitlichten Feldtheorien ist das Quantenvakuum das einheitliche Feld, der Schoß aller Felder und Kräfte der Natur. Es enthält eine unglaubliche Konzentration von Energie und trägt und übermittelt Information.

Im Sanskrit und in der Hindu-Philosophie gilt der Äther als das fundamentalste der fünf Elemente – das Element, aus dem alle anderen entstanden sind. Der Äther wurde als Akasha bezeichnet, das Element, das alle Dinge miteinander verbindet. Es ist das, was wir heute das Akasha-Feld nennen und was das Gedächtnis aller Dinge bewahrt, die sogenannte Akasha-Chronik. Heute gewinnt der Äther als ein im Universum wiederentdecktes Informations- und Energiefeld wieder viel von der Bedeutung zurück, die er vor fünftausend Jahren gehabt hat.[17]

Ein Bewusstsein, das unsere Verbindung miteinander und mit dem Kosmos erkennt, ist ein Akasha-Bewusstsein – ein Bewusstsein der Verbundenheit und der Erinnerung. Es gibt uns ein Gefühl der Zugehörigkeit und letztlich der Einheit. Es ist ein Quell der Einfühlung in die Natur und der Solidarität unter den Menschen – jene Art von Bewusstsein, welches die Mystiker und Philosophen von Aurobindo bis Wilber vorhergesehen haben, das von den Maya prophezeit wurde und dessen Existenz heute auch von Entdeckungen an der vordersten Front der Wissenschaft bestätigt wird.

Die Entwicklung eines neuen Bewusstseins ist keine Utopie, sie ist bereits im Gange. Es gibt eine zunehmende Menge an Belegen aus dem Bereich der Psychologie, Psychiatrie, der experimentellen Parapsychologie, der Soziologie und sogar aus der Gehirnforschung, die für die Entstehung einer Form des Geistes und Bewusstseins sprechen, die entweder integrales Bewusstsein oder ausgeweiteter Geist oder nonlokales Bewusstsein oder holotroper Geist oder grenzenloser Geist oder unendlicher Geist genannt wird.[18]

Einige Aspekte dieses erweiterten Bewusstseins konnten gemessen werden. Der englische Elektroingenieur C. Maxwell Cade hat die elektrische Aktivität des Gehirns von mehr als dreitausend Individuen getestet und die Ergebnisse in seinem 1979 erschienenen Buch *Biofeedback and the Development of*

---

17 Mehr Information über das Akasha-Feld findet sich in meinem Buch *Science and the Akashic Field*. Rochester 2007

18 Die Natur und die Möglichkeiten des Akasha-Bewusstseins habe ich in meinem Buch *The Akashic Experience. Science and the Cosmic Memory Field*. Rochester untersucht.

Higher States of Awareness beschrieben. Zu seinen Testpersonen gehörten erfahrene und geachtete Heiler, von denen man annimmt, dass sie ein fortgeschrittenes transpersonales Bewusstsein besitzen. Cade fand heraus, dass im Gehirn der Heiler ein typisches EEG-(Elektroencephalografie-)Muster der Gehirnwellen auftrat, wenn sie dabei waren zu heilen. Das Muster, das er entdeckte, bestand aus einem mäßigen Anteil von Beta- und Theta-Wellen sowie einer weiten Bandbreite an Alpha-Wellen, jedoch keinerlei Delta-Wellen. (Die bekannten Frequenzen von Gehirnwellen sind: Beta = 8 bis 30 Hertz [Schwingungen pro Sekunde]; Alpha = 8 bis 13 Hertz; Theta = 4 bis 7 Hertz; Delta = 0,5 bis 4 Hertz.)

Dieses Ergebnis ist signifikant, da das typische EEG-Muster moderner Menschen sich fast gänzlich im Beta-Bereich befindet. Alpha tritt nur in der Meditation oder Zuständen tiefer Ruhe auf, Theta im halbwachen Zustand oder im Schlaf, und zwar beim Träumen, und Delta im traumlosen Tiefschlaf. Abgesehen vom Vorhandensein der Beta-Wellen bei den Heilern, die auf eine Gehirnaktivität im Kontext des Alltagsbewusstseins hinweisen, ist das Muster, das Cade bei ihnen registrieren konnte, dasselbe, das auch im Samâdhi, im Satori, beim luziden Träumen und in verschiedenen mystischen Zuständen auftritt. In einigen Fällen hat sich dieses als erstaunlich stabil erwiesen; es blieb auch im normalen Leben bestehen. Bei solchen Menschen scheint es zu ihrem natürlichen Bewusstseinszustand zu gehören.

Förderung der Bewusstseinsevolution. Wollen wir einen Zusammenbruch vermeiden, dann muss die Evolution des menschlichen Bewusstseins schnell und auf breiter Front voranschreiten. Es ist Sache jedes einzelnen Menschen, diese herbeizuführen. Das Bewusstsein entwickelt sich im Individuum – und breitet sich von einem Individuum zum anderen aus. Sein Wachstum beginnt bei Ihnen ebenso wie bei mir. Doch wie kann man die eigene Bewusstseinsevolution vorantreiben?

Dies ist eine eminent praktische Frage. Es gibt viele Möglichkeiten der Weiterentwicklung. Manche sind von Bedingungen und Ereignissen abhängig, die außerhalb unserer Kontrolle liegen. Andere befinden sich dagegen durchaus im Bereich unserer Fähigkeiten und unseres Willens.

Eine schwere Krankheit oder ein heftiger Unfall, besonders wenn man dabei dem Tod gerade noch entkommen ist, erlebt man oft als eine das Dasein transformierende Erfahrung. Sie führt häufig zu einer deutlichen Wandlung des Bewusstseins. Die Menschen kehren mit einem anderen Geist ins Leben zurück. Sie besitzen inneren Frieden und können sich in andere einfühlen, sie haben Achtung vor der Natur und eine erneuerte Wertschätzung der Wunder des Daseins. Astronauten, die das Privileg genossen haben, die Erde aus dem Weltraum betrachten zu können, kommen mit einem auf ähnliche Weise verwandelten Bewusstsein zurück. Edgar Mitchell, der zur Besatzung von Apollo 14 gehörte, berichtete von der Erfahrung einer regelrechten Epiphanie, als er unseren blaugrünen Heimatplaneten im kosmischen Raum schwimmen sah. Seine Werte und Überzeugungen veränderten sich grundlegend, und sein Leben nahm danach eine radikal andere Richtung.

Doch man muss nicht in den Weltraum geschossen werden oder beinahe sterben, um sein Bewusstsein weiterentwickeln zu können. Es gibt einfachere Wege.

Zuerst einmal braucht man einen guten Kontakt zum eigenen Körper. Da wir ständig zu tun haben und mit unseren Aufgaben beschäftigt und von unseren Sorgen, Hoffnungen und

Ängsten eingenommen sind, haben wir den Kontakt zu unserem Körper vielfach verloren. Wir benutzen ihn, wie wir unser Auto benutzen: Wir erteilen ihm Befehle, damit er uns dorthin bringt, wohin wir gehen wollen. Wieder mit dem Körper in Kontakt zu gelangen, erfordert einfache Bewegungsübungen, Übungen in bewusster Atmung und Konzentration auf das, was in einem selbst vorgeht, wobei die Aufmerksamkeit von einem Körperteil zum anderen voranschreitet *(Bodyscan)*. Diese Techniken sind leicht anzuwenden, und sie werden von vielen Psychologen und spirituellen Lehrern gelehrt.

Außerdem müssen Sie mehr auf Ihre Empfindungen und Gefühle achten. Wenn es Ihnen ähnlich geht wie den meisten Menschen in unserer Gesellschaft, dann haben Sie zwar nicht den Kontakt zu Ihren Gefühlen verloren, aber die Emotionen, die Sie erfahren, sind nicht unbedingt die richtigen. Zorn, Hass, Furcht, Angst, Misstrauen, Eifersucht, Verachtung und Gleichgültigkeit dominieren unser heutiges Leben. Diese Gefühle sind das Resultat negativer Lebenserfahrungen. Selbst die Erziehung unserer Kinder basiert auf Drohung und Bestrafung und der Furcht vor einem Versagen. Wir opfern positive Gefühle von Liebe und Fürsorge dem Druck unserer Arbeit und dem Kampf um die Sicherstellung unseres Lebensunterhalts. Dabei könnten wir uns in unseren Beziehungen mit unserer Familie, Freunden, Mitarbeitern und Mitgliedern unserer Kommune durchaus an Empfindungen wie Liebe und Fürsorge erfreuen. Die Essenz der Liebe ist ein tiefes Gefühl der Verbundenheit, sei es die Liebe zu einem Kind, zu unseren Eltern, zu einer/einem Geliebten oder zu einem Freund oder einer Freundin.

Eine andere Weise, unser Bewusstsein zu erweitern, besteht darin, uns die Zeit zu nehmen, die Natur zu kontemplieren. Die Stille einer sonnigen Wiese oder eines ruhigen Sees, die

Schönheit eines Sonnenuntergangs, die Majestät eines Berges oder die Ehrfurcht gebietende Macht des stürmischen Meeres vermitteln uns unausweichlich Gefühle der Einheit, Liebe und Zugehörigkeit, die Kennzeichen eines entwickelten Bewusstseins sind.

Diese Gefühle werden auch in der Erfahrung tiefen Gebets erzeugt. In seinem wegweisenden Buch *Die Vielfalt religiöser Erfahrung* schrieb der amerikanische Psychologe William James, dass ein Gefühl der Einheit mit etwas, das größer ist als wir selbst, charakteristisch für eine echte religiöse Erfahrung sei. Wir werden uns dessen bewusst, dass wir Inseln im Meer gleichen – an der Oberfläche voneinander getrennt, doch in der Tiefe miteinander verbunden.

Tiefe Meditation bringt uns dieselbe Einsicht. Wenn wir den Geist ruhig stellen, ihn von Ängsten, Fantasien und Sorgen über das, was geschehen könnte, befreien, dann wird unser Bewusstsein gereinigt. Es bleibt präsent – und ist doch ruhig und still. Das ist die Bedeutung von »Samâdhi«, dem Zustand des »stillen Geistes«. Der englische Physiker und Philosoph Peter Russell sagt, dass alle Merkmale von Individualität – die Eigenschaften, die ein Ich vom anderen unterscheiden – verschwinden, wenn man den Geist in die Stille des reinen Bewusstseins einsinken läßt. Sie werden dann dessen gewahr, dass Sie das Licht des Bewusstseins sind, dasselbe Licht, das in allen Lebewesen scheint. Sie werden eins mit allen Wesen.19 In der Tat ist die ursprüngliche Bedeutung des Wortes yoga im Sanskrit »Vereinigung«.

Eckhart Tolle spricht von der »Kraft des Jetzt«. Dies ist ein Zustand, in dem man sein eigenes wahres Selbst erfährt, ohne zu denken, ohne Emotionen – es ist ein Zustand reinen Gewahrseins. In ihrem 2004 erschienenen Buch *Self-Powerment* sagt die amerikanische Psychologin Faye Mandel, dass wir in diesem Zustand intuitiv um unsere Verbundenheit mit jedermann wissen. Unsere gesamte Selbsterfahrung verändert sich. Man löst sich von dem persönlichen Bild, das man von sich selbst hat, und erfährt die universale Energie, die uns alle integriert. Man wird geerdet und zentriert und erfährt sich selbst ohne Egoismus.

Es gibt viele Möglichkeiten, sein eigenes Bewusstsein zu entwickeln, und die richtigen Techniken führen stets zur Erfahrung der Verbundenheit mit anderen und mit der Natur – zur Erfahrung der Einheit. In diesem Bewusstseinszustand ist man in Einklang mit der Umwelt, das heißt, man ist fein auf diese eingestimmt. Folgt man Alexander und Kathia Laszlo, die ihr Leben der Suche nach dem Einklang gewidmet haben, lässt sich dieser auf der persönlichen, zwischenmenschlichen und transpersonalen Ebene erreichen:

- Die erste Ebene ist *persönlicher Einklang*. Dieser verlangt Zentrierung, Ruhigstellung des Geistes und ein Lauschen mit jeder Zelle Ihres eigenen Körpers, sodass Intuition und Mitgefühl kultiviert werden und Ihre Einsicht dem Blick nach außen entspricht.
- Die zweite Ebene des Einklangs ist der *zwischenmenschliche Einklang*. Dazu gehören Dialog und Zusammenarbeit mit den Menschen in Ihrer Umgebung: zusammenkommen und gemeinsam und voneinander lernen, sich mit Einfühlung, Rücksichtnahme, Offenheit und Freude bei gemeinsamen Aktivitäten engagieren.
- Die dritte Ebene des Einklangs ist *transpersonaler Einklang*. Auf dieser Ebene Einklang zu erreichen, verlangt Einswerdung. Es bedeutet, dass man auf die Botschaft aller Dinge

lauscht – seien das nun Wasserfälle, Tiere, Berge oder Galaxien – und dass man spürt und anerkennt, mit allen Dingen im Kosmos eins zu sein.

»Als organisierende Kraft in der Entwicklung der Gesellschaft«, so schreiben Alexander und Kathia Laszlo, »umfasst Einklang eine Verkörperung bewusster Evolution. Wenn die bewusste Absicht sich in Übereinstimmung mit dem Zweck der Evolution befindet, dann können wir evolutionär zusammenklingende Pfade der menschlichen Entwicklung in Partnerschaft mit der Erde entwickeln und fördern. Die Bemühung, eine solche Dynamik zu kultivieren, ist die Suche nach Einklang.«[20]

---

20 Alexander Laszlo und Kathia Castro Laszlo: »Syntony and Flow. The Artscience of Conscious Emergence.« In: *The View. Mind Over Matter, Heart Over Mind – The Vital Message 2012*. Hrsg. von David Patrick. London 2009; siehe auch: www.syntonyquest.org.

5 HANDELN

Den bewussten Wandel herbeiführen

Wie lassen sich die Zielsetzungen des bewussten Wandels praktisch verwirklichen? Und wie können sie rechtzeitig in die Tat umgesetzt werden, damit sich eine Weltwende herbeiführen lässt, ein Wandel, der uns vom Rande des Abgrunds wegführt auf einen Pfad, der uns zu einem Durchbruch führen kann, bevor es zu spät ist?

Die Ziele der bewussten Transformation *lassen* sich verwirklichen: Sie sind durchaus machbar. Doch sie in der Praxis zu realisieren, verlangt zielgerichtetes und konsequentes Handeln – von Ihnen und von mir und von allen verantwortungsbewussten Menschen, wo immer sie auf diesem Planeten leben.

Bürgerinitiativen

Lassen Sie uns mit dem beginnen, was Sie als verantwortungsbewusste Person, als Staatsbürger tun können und tun sollten. In Bürgerinitiativen aktiv zu werden, bedeutet, dass Sie mit den Menschen und Organisationen, die Ihren Staat oder Ihre Kommune regieren, interagieren. Es ist wichtig, dass Sie dies tun, denn auch wenn die einzelnen Staaten viel von ihrer Souveränität und die einzelnen Regierungen eine Menge von ihrer Macht verloren haben, ist die Rolle des öffentlichen Bereichs doch weiterhin ganz entscheidend. Was den Frieden, die Sicherheit und die Öffentliche Gesundheit angeht, gibt es Probleme, mit denen nur eine aufgeklärte Regierung gut umgehen kann. Es ist deshalb wesentlich, dass Sie und die Menschen in Ihrer Umgebung Politiker nominieren und wählen, die *wirklich* dem Gemeinwohl dienen, und dass Sie mit den gewählten Volksvertretern kommunizieren, um sie dazu anzuhalten, diesem auch effizient zu dienen.

Der grundlegendste Aspekt dessen, was Sie von Ihrer Regierung fordern müssen, ist, dass sie die fundamentalen Werte, die für das Überleben von Mensch und Natur grundlegend sind, anerkennt und respektiert. Das heißt, dass sie sich zuerst einmal um die Befriedigung der menschlichen Grundbedürfnisse kümmert, also um angemessene Versorgung mit Nahrung, Wasser, Obdach und Bekleidung. Weiterhin hat sie für stabile Beziehungen in der Familie und in den Kommunen Sorge zu tragen. Das heißt, dass sie der sozialen und kulturellen Identität der Staatsbürger Rechnung trägt und für wirtschaftliche Gleichbehandlung aller Bürger der Gesellschaft eintritt. Das heißt auch, dass sie die Bereitstellung nützlicher und entlohnter Arbeit für alle Arbeitsfähigen und Arbeitswilligen sicherstellt.

Über diese grundlegenden Zielvorgaben hinaus können Sie von Ihrer Regierung verlangen, dass sie sich darum bemüht, auf die Anforderungen zu reagieren, die für die heutige Zeit der Transformation charakteristisch sind und die sich mit großer Dringlichkeit stellen. Solche Richtlinien zu verfolgen, verlangt von einer Regierung, dass sie …

- bei der Vergabe von natürlichen und finanziellen Ressourcen Kriterien der Nachhaltigkeit berücksichtigt;

- allen Menschen den Zugang zu Energie, Wasser und Land zu erschwinglichen Preisen ermöglicht;
- die Qualität und die Kapazität der öffentlichen Verkehrsmittel verbessert;
- die Zusammenarbeit mit Unternehmen in Hinsicht auf die Nutzung alternativer Energien und alternativer Verwendungen von Ressourcen fördert;
- den Einsatz öffentlicher Mittel so lenkt, dass Anreize für die Wiederbelebung verödeter Gegenden gegeben werden;
- bei der Vergabe von Baugenehmigungen strenge Kriterien der Nachhaltigkeit und der Ressourcen- und Energieeffizienz anwendet;
- in das Bildungswesen Belange der sozialen und ökologischen Verantwortlichkeit einbringt;
- den Menschen die Natur unter Sicherstellung des ökologischen Gleichgewichts und der Schonung der Umwelt zugänglich macht.

Sie können darauf bestehen, dass Ihre Regierung die Mittel für Maßnahmen bereitstellt, die wahrhaft den Interessen des Volkes dienen. Selbst in wirtschaftlichen und finanziellen Krisen ist das keine unangemessene Forderung: Es gibt in der heutigen Welt genügend ungenutzten oder schlecht genutzten Reichtum. Mit einem Bruchteil der enormen Geldsummen, die um den Globus zirkulieren, könnte man Projekte finanzieren, die dem Wohl der Menschheit dienen würden. In der heutigen Situation werden weniger als fünf Prozent der globalen Geldströme für reale Waren und Dienstleistungen aufgebracht. Von den verbleibenden 95 Prozent wird nur ein geringer Teil für legitime Investitionen verwendet; der Rest, mehr als eine Billiarde Dollar pro Tag, wird zur Spekulation benutzt: Er dient allein dem

Zweck, mit Geld noch mehr Geld anzuhäufen. Und selbst was die legitimen Investitionen angeht, fließen riesige Summen in kurzfristige Projekte von fragwürdigem Nutzen für die Menschen.

In den Industrieländern könnten mehr als 250 Milliarden Dollar im Jahr von der Energiegewinnung aus Kohle und Öl in Technologien umgelenkt werden, die kein Kohlendioxid erzeugen. Mit einem Fonds von etwa 300 Milliarden Dollar pro Jahr wäre es möglich, Technologien zur sauberen Energiegewinnung in die Entwicklungsländer zu transferieren. Mit einem geringen Teil der mehr als 1,2 Billiarden Dollar, die die Regierungen weltweit jährlich für Waffen, Kriege und das Militär ausgeben, könnten dringend nötige Projekte realisiert werden. Nach Schätzung der Vereinten Nationen würden 125 bis 150 Milliarden Dollar im Jahr genügen, um die Hungernden der Welt zu ernähren, eine ausreichende Versorgung mit sauberem Wasser sicherzustellen, extreme Armut zu beseitigen, Aids zu behandeln, Krankheiten wie die Malaria zu bekämpfen und das lebenswichtige Gleichgewicht der lokalen und globalen Ökosysteme wiederherzustellen.

Der im März 2009 von der G20-Gruppe der industrialisierten Länder getroffene Beschluss, Billiarden von Dollar in die globale Wirtschaft zu pumpen, macht deutlich, welche Summen die Regierungen in die Hand nehmen können, wenn sie nur gewillt sind. Aber das Geld, über das sie verfügen, sollte weise investiert werden – in langfristige auf Frieden und Nachhaltigkeit orientierte Projekte und nicht nur, um eine kurzfristigen Wiederankurbelung der Wirtschaft zu erreichen. Eine Voraussetzung für die Verwirklichung dieser Ziele wäre, dass Menschen wie Sie, die in den großen Demokratien der Welt leben, entschlossen und hartnäckig darauf bestehen.

Initiativen der Geschäftswelt

Die großen Konzerne können sich, wie wir gesehen haben, nicht länger als Organisationen der »Privatwirtschaft« begreifen, die von den Belangen und dem Wohlergehen der Menschen losgelöst agieren können. Es ist notwendig, dass sie sich der Förderung des Gemeinwohls verpflichten. Basisdemokratische Aktivitäten können diesen Wandel vorantreiben. Mann muss keine Führungskraft einer Firma, ja, noch nicht einmal einer von ihren Angestellten sein, um wirksam agieren zu können. Es reicht aus, ein Konsument, ein Bürger der Kommune zu sein, in der das Unternehmen niedergelassen ist.

Eine einfache und wirksame Methode, einen Wandel in der Geschäftswelt herbeizuführen, ist bewusster Konsum. Diese indirekte, aber wirksame Form des Aktivismus ruft dazu auf, Unternehmen zu unterstützen, die sich dem Gemeinwohl verpflichtet haben, und jene zu meiden, die nur ihre eigenen unmittelbaren Interessen verfolgen.

Es gibt natürlich auch direktere Wege, den Kurs eines Konzerns zu beeinflussen. Wenn Sie genügend Geld besitzen, um einige Aktien kaufen zu können, haben Sie die Möglichkeit, einer Aktionärsvereinigung beizutreten und in Aktionärsversammlungen Fragen der sozialen und ökologischen Verantwortlichkeit zur Sprache zu bringen. Auf dem Weg über solche Vereinigungen können selbst Kleinaktionäre für Transparenz in den Geschäftsberichten streiten und darauf bestehen, dass die Firmenleitung offen legt, wie das Unternehmen seine Angestellten und Geschäftspartner behandelt und wie es zur Umwelt und den Kommunen, in denen es angesiedelt ist, steht.

Sollten Sie über ausreichende Mittel verfügen, dann können Sie auch »soziales Investment« betreiben. Soziales Investment begann mit den Quäkern, als diese keine Geld mehr in sogenannte »Sündenindustrien« steckten: Alkohol, Tabak, Glücksspiel, Pornografie und Waffen. In den achtziger Jahren boykottierten viele Investoren Unternehmen, die das Apartheidsregime in Südafrika unterstützten, und seit den frühen neunziger Jahren bevorzugen einige große soziale Kapitalanlagegesellschaften solche Firmen, die strengen sozialen und ökologischen Kriterien entsprechen.

Soziales Investment ist keine Wohltätigkeitsveranstaltung, und es verlangt nicht, dass man finanzielle Opfer bringt. Es gibt ethische Investmentfonds, die die Aktien, die sie erwerben, sehr sorgfältig auswählen; und mittel- bis langfristig haben die Investoren oft mehr davon, in diese Fonds zu investieren, als wenn sie wahllos nur nach kurzfristigen Profiten streben.

Als Aktienbesitzer, Konsument und Bürger der Kommune, in der ein Betrieb seinen Standort hat, können Sie den Managern gegenüber eine ganze Reihe von Themen ansprechen. Sie können unter anderem darauf bestehen, dass das Unternehmen …

› der Öffentlichkeit wahrheitsgemäß und präzise die langfristigen Gewinne und Kosten seiner Produkte und Dienstleistungen offen legt und über deren Sicherheit, soziale Konsequenzen, Umweltbelastung, Wiederverwendbarkeit und Recycelbarkeit Auskunft gibt;
› sich aktiv darum bemüht, die Umweltbelastung und -verschmutzung sowie die Fabrikationsabfälle in seinem Produktionsprozess sowie in der Kette seiner Zulieferer und seines Vertriebes zu reduzieren;
› seine Angestellten und Mitarbeiter einbezieht, wenn es seine Ziele formuliert;

- verantwortungsbewusste Partner und Koproduzenten bevorzugt und es ablehnt, mit Firmen Geschäfte zu machen, die sich ihren Angestellten, Kunden und gastgebenden Kommunen gegenüber unfair verhalten und die die Umwelt zerstören;
- sich aktiv für das Leben seiner Angestellten interessiert, deren Anliegen versteht, deren Bedürfnisse kennt und zu deren Weiterentwicklung beiträgt;
- ein aktives Interesse an der Kommune zeigt, in der es angesiedelt ist, und seinen Angestellten erlaubt und sie sogar dazu ermutigt, einen Teil ihrer Zeit der sozialen Arbeit und der Verbesserung ihrer lokalen Umwelt zu widmen.

Wenn man darauf beharrt, dass Unternehmen ihrer sozialen Verantwortung gerecht werden, so heißt das nicht, dass man von ihnen verlangt, gegen ihr eigenes Interesse zu handeln. Gutes tun und gut abschneiden schließen sich in der Wirtschaft nicht gegenseitig aus. Ganz im Gegenteil. Unternehmen, die Gutes tun, können auf ein erhöhtes Maß an öffentlichem Vertrauen und eine größere Kunden- und KlIententreue zählen. Sie sind wahrscheinlich zukunftsfähiger als einzig nur am eigenen Erfolg interessierte Unternehmen und haben größere Chancen, die Fluktuationen und Krisen zu überstehen, die die Geschäftswelt heimsuchen.

Medieninitiativen

Der Informationsfluss in der heutigen Welt ist enorm, doch sind diese Informationen in Hinsicht auf die Themen, die über die Qualität, die Sicherheit und die Aussichten des menschlichen Lebens entscheiden, weitgehend irrelevant.

Bei den kommerziellen Medien bestimmt eine kurzfristige Marktforschung darüber, welche Informationen die Öffentlichkeit erreichen: Die Menschen bekommen das geboten, wovon die Medienbosse glauben, dass es sie in den Bann zieht. Und da die Bosse davon ausgehen, dass das öffentliche Interesse wenig anderem gilt als Kriegen, Verbrechen, Sport, dem Aktienmarkt und dem Treiben von Prominenten, konzentrieren sich die Zeitungen und Fernsehanstalten auf Sensationsberichte mit »Nachrichtenwert« und »Geschichten, die das Leben schreibt«. Doch wenn Sie, Ihre Familie, Ihre Nachbarn und Ihre Freunde fast ausschließlich mit solcher »leichten Kost« gefüttert werden, bringt Ihnen das wenig wirkliche Information und kaum Einsichten, die dabei helfen, sich ein Bild über die Probleme zu machen, die unser Leben und unsere Zukunft betreffen.

Die Medien könnten verantwortungsvoller operieren, und es liegt an Ihnen, sie dazu zu bringen. Sie selbst können Fernsehprogramme, Radiosendungen, Internetseiten, Zeitungen, Magazine und Bücher auswählen, die sinnvolle und konstruktive Inhalte vermitteln und nicht nur Sensationen. Heute gibt es eine Reihe alternativer Publikationen, die von gemeinnützigen Organisationen veröffentlicht werden; sie haben eine wachsende Leserschaft. Wenn Sie und die Menschen in Ihrer Umgebung ein wirkliches Interesse an relevanten Nachrichten und Informationen an den Tag legen, dann werden diese Medien weiter wachsen, und es wird auch in den populären Zeitungen und Zeitschriften Kolumnen und Seiten mit seriösem Inhalt geben. Auch die kommerziellen Radio- und Fernsehsender werden dann mehr anspruchsvolle Programme ausstrahlen.

Erwartet man von den Informations- und Kommunikationsmedien, dass sie relevante und nicht nur effektheischende Inhalte liefern, so heißt das nicht, von ihnen zu verlangen, dass sie zu wohltätigen Anstalten werden. Es liegt in ihrem ureigensten Interesse, dass sie von den Menschen als bedeutsam erlebt werden. Verantwortungsbewusste Medienvertreter könnten sich dem widmen, was der *Harvard Business Review* »Expeditionsmarketing« genannt hat: Ihnen wäre es möglich, eine Nachfrage zu *erzeugen*, die im Interesse der Öffentlichkeit ist, statt nur auf die aktuelle Nachfrage zu reagieren.

Die öffentliche Nachfrage ist bereits dabei, sich zu verändern. Die Nachfrage nach Nachrichten über kooperative Gemeinschaften, ethische Bewegungen, Formen nachhaltigen Lebens, alternative Energiequellen, wirksame umweltfreundliche Technologien und nicht-umweltverschmutzende Produkte wächst. Diesen Trend weiter zu fördern, wäre für beide Seite ein Gewinn, sowohl für die Medienbenutzer als auch für die -gestalter.

Persönliche Initiativen

Einige Aspekte Ihres Privatlebens sind entscheidend für das öffentliche Leben geworden. Was Sie tun, hat eine Auswirkung auf andere und kann die Transformation hin zu einer besseren Welt beschleunigen oder diese blockieren. Ob Sie sich dessen bewusst sind oder nicht: Sie engagieren sich entweder für einen Wandel oder Sie bilden die Nachhut einer alten und nicht mehr zeitgerechten Kultur.

Als jemand, der den Wandel bewusst vorantreiben will, müssen Sie verantwortungsvoll handeln. Das bedeutet …

› auf eine Weise zu leben, die Ihre eigenen Bedürfnisse befriedigt, ohne die Möglichkeit anderer Menschen zu schmälern, ihre eigenen Bedürfnisse zu befriedigen;

- darauf zu achten, dass das Recht aller Menschen auf Entwicklung respektiert wird, unabhängig von ihrer ethnischen Zugehörigkeit, ihrem Geschlecht, ihrer Staatsangehörigkeit und ihrem Glauben;
- dafür zu sorgen, dass Menschen, Tiere und Pflanzen in einer gesunden Umwelt wachsen können;
- bei der Suche nach dem eigenen Glück, der eigenen Freiheit und der eigenen persönlichen Erfüllung Rücksicht zu nehmen auf dasselbe Streben anderer Menschen, ganz gleich, ob diese in Ihrer Kommune, Ihrem Land, Ihrer Kultur oder in der globalen Gemeinschaft aller Völker zu Hause sind;
- eine Arbeit oder einen Beruf zu wählen, der es Ihnen möglich macht, Ihre Zeit und Ihre Begabungen einer Aktivität zu widmen, die für das Gemeinwesen nützlich und förderlich ist;
- Kindern und Jugendlichen zu helfen, im eigenen Handeln und Denken den Gedanken der Verantwortung zu verankern;
- sich mit gleichgesinnten Menschen für die Erhaltung oder Regenerierung der Umwelt einzusetzen, damit diese wieder vital wird.

Wenn Sie den Wandel bewusst vorantreiben wollen, müssen Sie die Nachhaltigkeit Ihres Haushalts verstärken, indem Sie seine CO_2-Bilanz senken, Energie und natürliche Ressourcen einsparen und Ihren Abfall reduzieren. Wie man das bewerkstelligen kann, ist heute weithin bekannt. Sie können in Ihrer Wohnung Strom sparen, indem Sie Energiesparlampen verwenden und das Licht ausschalten, wenn Sie aus dem Zimmer gehen. Sie können Ihr Zuhause gegen Hitze und Kälte isolieren, statt im Sommer die Klimaanlage und im Winter die Heizung hochzudrehen. Sie können Wasser sparen, indem Sie Durchflussregler an Ihren Wasserhähnen installieren. Sie können weiterhin Energie sparen und den CO_2-Ausstoß senken, indem Sie öffentliche Verkehrsmittel benutzen, zu Fuß gehen oder mit dem Fahrrad fahren. Das sind nur einige wenige Dinge, die zur Schonung der Umwelt beitragen.

Bewusster Konsum ist ein anderer Aspekt. Dies bedeutet, dass Sie bei Ihrer Bekleidung keine Modelabels wählen, sondern bei der Wahl der Kleidungsstücke darauf achten, dass diese Ihre Persönlichkeit und Ihre kulturellen Werte zum Ausdruck bringen. Die Möbel, die Sie für Ihre Wohnung aussuchen, sollten aus haltbaren natürlichen Materialien hergestellt sein und eine warme Ausstrahlung haben und nicht nur demonstrieren, wie viel Sie sich leisten können. Sämtliche Geräte, die für den Haushalt oder den Garten gebraucht werden, sollten möglichst in der näheren Umgebung produziert worden und energieeffizient sein.

Besonders wichtig ist, dass Ihre Nahrungsmittel gesund, organisch und lokal oder regional erzeugt sind. Die Ernährungsgewohnheiten der Menschen in amerikanischen Haushalten sind für die Emission von durchschnittlich 2,8 Tonnen Kohlendioxid im Jahr verantwortlich, und beim Autofahren produzieren sie 2,2 Tonnen Kohlendioxid. Würde man den Konsum von rotem Fleisch, Schweinefleisch, Milchprodukten und Convenience-Produkten durch Gemüse ersetzen, so würde man damit nicht nur den Kohlendioxidausstoß signifikant verringern, sondern es wäre auch gesünder. Bei der Herstellung von Getreide, Früchten und Gemüse werden etwa zwei Kalorien fossilen Brennstoffs gebraucht, um eine Kalorie Nahrungsenergie zu erzeugen; bei Rindfleisch ist die Relation dagegen 80 zu 1.

Den bewussten Wandel voranzutreiben ist nicht schwierig

und Sie brauchen dazu keine Opfer zu bringen. Ganz im Gegenteil – Sie haben dadurch viele Vorteile. Sie werden zu einem besseren Freund und Nachbarn, Sie leben gesünder, und Sie haben die Befriedigung, zu wissen, dass Sie Ihr Bestes tun, um sicherzustellen, dass Sie und Ihre Kinder in Zukunft in einer Welt der Nachhaltigkeit und des Friedens leben können, statt in einer Welt steigender Spannungen und zunehmender Gewalt.

Auf dem Schreibtisch des amerikanischen Präsident Harry Truman im Oval Office stand ein Schild mit dem Motto: »Der Schwarze Peter landet hier.« Heute wird der Schwarze Peter demokratischer verteilt – er landet bei jedem Einzelnen von uns. Wir leben in Krisenzeiten, und wir – und nur wir – können die notwendige Wende herbeiführen. Der Faktor, der über unsere Zukunft entscheidet, ist nicht Reichtum oder Macht und auch nicht die Kontrolle über Territorien und Technologie. Er besteht vielmehr darin, wie wir denken und handeln.

DRITTER TEIL
DURCHBRUCH 2032

Ein Gedankenexperiment

Wir begannen dieses Handbuch des Bewusstseinswandels mit der Aussage, dass die heutige Welt instabil und unfair ist und zur Gewalt neigt. Wir beenden es, indem wir aufzeigen, dass dem nicht so sein muss. Unsere Welt könnte auch stabil, fair und friedlich sein.

Lässt sich tatsächlich eine stabile, faire und friedliche Welt erschaffen – und zwar rechtzeitig genug? Können die Menschen ihr Denken und Handeln so verändern, dass die egoistische Orientierung, die auf materiellen Gewinn und Macht abzielt, aufgegeben und durch Kooperation und zukunftsfähiges Verhalten ersetzt wird? Die Antwort ist: Ja, und zwar *durch einen Bewusstseinswandel, der eine kritische Masse erreicht*. Doch kann ein solcher Bewusstseinswandel vollzogen werden, bevor die heutigen Probleme unlösbar werden? Auch hier ist die Antwort: Ja, und zwar *durch eine beschleunigte Verbreitung jenes Bewusstseins, das bereits an den kreativen Rändern der Gesellschaft spürbar im Entstehen ist*. Die rasche Ausbreitung eines höher entwickelten Bewusstseins ist eine grundlegende Vorbedingung dafür, dass es zu einer wirksamen und rechtzeitigen Weltwende kommen kann. Wenn diese bis 2012 oder kurz danach eintritt, könnte bis 2032 ein höher entwickeltes Bewusstsein zutage treten, wenn die junge Generation, die dann zwei Jahrzehnte Zeit zum Nachdenken und zum Lernen hatte, in leitende gesellschaftliche Positionen hineingewachsen sind. Wir können diese Möglichkeit mit einem Gedankenexperiment illustrieren. Wir betätigen einfach einmal den Schnellvorlauf und projizieren uns in das Jahr 2032. Eine stabile, faire und friedliche Welt wurde geschaffen. Und wir fragen uns: Welche Werte und welches Bewusstsein sind für die Menschen dieser Zeit charakteristisch? Und welche Strukturen, Institutionen und Technologien haben sie angenommen, um ihre Ziele zu erreichen?

6
BERICHTE AUS EINER FRIEDLICHEN UND ZUKUNFTSFÄHIGEN WELT

Wir befinden uns im Jahr 2032 und befragen zwei junge Leute darüber, wie die meisten Menschen ihrer Tage denken und auf welche Weise sie ihre Ziele verfolgen. Eine junge Frau, eine Lehrerin, berichtet, wie eine kritische Masse der Menschen denkt; sie beschreibt deren Werte und deren Bewusstsein. Und ein junger Mann, ein Gemeindeberater, erzählt, wie die Welt im Jahr 2032 strukturiert ist, was für Institutionen es in ihr gibt und welche Technologien sie benutzt. Die beiden erklären schließlich, wie ihre Welt wächst und sich entwickelt – ohne Konflikte und Gewalt und nicht wiedergutzumachende Schäden für die Umwelt.

Wie wir denken
Der Bericht einer jungen Lehrerin

Es gibt viele Länder und Kulturen in der Welt, einige sind größer, andere kleiner, einige sind industrialisiert, andere vorwiegend landwirtschaftlich orientiert. Es existieren einige wenige Großstädte, doch die meisten Menschen ziehen es vor, in mittelgroßen urbanen Siedlungen, in Kleinstädten oder auf dem Land zu leben. Extreme Armut ist im Großen und Ganzen ausgeräumt worden. Das Recht eines jeden Menschen auf Nahrung, Obdach, Erziehung und eine sozial nützliche entlohnte Arbeit ist anerkannt und wird respektiert. Weil das Leben weniger stressig ist, kann sich Vielfalt besser entfalten, ohne dass sie von den Erfordernissen eines täglichen Überlebenskampfes eingeschränkt wird. Nordamerikaner und Lateinamerikaner, Japaner, Chinesen, Inder und andere Asiaten können genauso wie die Europäer, Afrikaner, Australier und Polynesier ihre Werte zum Ausdruck bringen und ihre eigenen Traditionen bewahren oder entwickeln.

Die Leute leben heute gesünder und länger. Die längere Lebenserwartung wird ausgeglichen durch kleinere Familien, denn die Menschen haben erkannt, dass es unverantwortlich ist, mehr Kinder in die Welt zu setzen, als sie versorgen können. Das hat deutliche Vorteile. In einer kleinen Familie können die Menschen sich besser um ihre Kinder kümmern und sicherstellen, dass diese zu gesunden Erwachsenen heranwachsen, die eine angemessene Erziehung genießen und auf friedliche und nachhaltige Weise in Harmonie mit der Gesellschaft und der Natur leben.

Unsere Werte und unser Bewusstsein

Das Denken, das unser Leben bestimmt, ist nicht dasselbe wie das vor 2012. Unser Denken hat sich verändert, aber nicht durch äußere Regeln und gesetzliche Bestimmungen oder die Furcht vor Bestrafung, sondern dadurch, dass wir neue Werte angenommen und unser Bewusstsein entwickelt haben.

Unsere Werte und unser Bewusstsein sind heute ganz anders als zu der Zeit, da ich noch ein junges Mädchen war, also in der ersten Dekade des 21. Jahrhunderts. Das war eine Auswirkung der Weltwende 2012, durch die wir erkannt haben, dass wir auf einem kleinen, stark vernetzten und interdependenten Planeten nicht auf friedliche und zukunftsfähige Weise leben können, wenn wir nicht zusammenarbeiten, und dass wir den Willen zur Zusammenarbeit nicht aufbringen können, solange wir nicht gemeinsame Werte und Zielvorstellungen haben.

Der grundlegende Wert, dem wir uns in unserer heutigen Welt verpflichtet fühlen, ist inneres anstelle von äußerem Wachstum – ein Wachstum des sozialen, intellektuellen und emotionalen Lebens. Wir schätzen diejenigen Menschen, die Integrität und eine solide Ethik besitzen, die zu einem besseren Leben für die Familien, die Gemeinschaft und die Menschheit als Ganze beitragen, die sich um das Gleichgewicht der natürlichen Prozesse kümmern und die danach suchen, tiefere Einsichten in den Sinn des Lebens zu gewinnen und diese weiterzugeben. Persönlicher Erfolg wurde früher an der Menge Geldes gemessen, das eine Person besaß, sowie an der Macht, die sie ausüben konnte. Heute denken wir nicht mehr so. Der materielle Besitz ist nicht mehr das Maß persönlichen Erfolgs – und er ist auch nicht dessen äußeres Kennzeichen. Ein großes Haus und ein teures Auto besitzen keine Bedeutung mehr als Statussymbole und eine Jacht oder der Privatjet erst recht nicht. Reichtum wird heute nicht durch *Haben*, sondern durch *Sein* definiert.

Wenn jemand mehr materielle Güter besitzt, als sie oder er braucht, um eine annehmbare Lebensqualität sicherzustellen, dann ist das kein Zeichen dafür, dass man es geschafft hat; es verweist vielmehr auf ein rückständiges Denken. Wahrer Reichtum liegt nicht in einer Anhäufung von Geld, sondern in einem erfüllten Leben mit einer liebevollen Familie, gesunden und glücklichen Kindern, einer fürsorglichen Gemeinschaft und in einer gesunden Umwelt. Gut zu leben – das heißt weise zu leben, ja, sogar angenehm oder luxuriös zu leben, wobei Annehmlichkeiten und Luxus nicht mehr an der Menge der materiellen Güter, die wir besitzen und kontrollieren, gemessen werden, sondern an der Qualität unseres Lebens und unserer Lebenserfahrung. Auf diesen Werten und Zielsetzungen basiert die Erziehung unserer Kinder, Jugendlichen und Studenten. Unser Erziehungssystem hat sich verändert. Auch wenn es von Kommune zu Kommune und Region zu Region unterschiedliche Ausgestaltungen gibt, haben die Lehrpläne der Schulen und Universitäten doch gemeinsame Elemente. Ihre grundlegende Mission besteht darin, eine Generation von lokal handelnden und global denkenden Bürgern heranzuziehen, die ein gesundes, produktives und verantwortungsbewusstes Leben in Harmonie miteinander und mit der Natur führen.

Das Lernen ist nicht mehr in getrennte Fachbereiche zersplittert, sondern es geschieht in einem ganzheitlichen, systemischen Rahmen. Dieser Rahmen umfasst vier Hauptthemen: ökologische Nachhaltigkeit, öffentliche Gesundheit und Gemeinwohl, interkulturelles Verständnis und lokales sowie globales wirtschaftliches Wohlergehen durch eine faire und nachhaltige Verwendung der globalen Ressourcen. Das neue Bewusstsein wird nicht erlernt: Es entsteht spontan und es ist in unseren Schülern und Studenten oft weiter entwickelt als in uns, ihren Lehrern.

Die neuen Werte inspirieren Zielsetzungen, die sämtliche Aspekte unseres Lebens umfassen:

› Wir streben nach Demokratie, doch nach mehr als einer bloß formalen Demokratie. Wir propagieren eine Regierungsform der Mitbestimmung, in der alle Menschen dort, wo es um Entscheidungen geht, die ihre Zukunft betreffen, ein Mitspracherecht haben.

- Wir streben nach Gerechtigkeit gegenüber allen Menschen, wobei es um mehr geht als um bloße Gerechtigkeit. Wir arbeiten darauf hin, dass zwischen allen Völkern, Nationen und Kulturen Wohlwollen herrscht.
- Wir streben nach Rechtsstaatlichkeit, womit aber nicht allein eine Durchsetzung von Gesetzen gemeint ist. Es ist uns wichtig, wahren Respekt vor Gesetzen zu haben, die die Rechte und die Sicherheit von Individuen und Gemeinschaften schützen.
- Wir streben nach Erfolg im materiellen Bereich, der aber keine Akkumulation von Gütern beinhaltet. Wir bemühen uns darum, in eine Position zu kommen, in der wir helfen können, wirtschaftliche Bedingungen zu schaffen und aufrechtzuerhalten, unter denen die Menschen sich eines annehmbaren materiellen Lebensstandards erfreuen können.
- Wir streben eine soziale Entwicklung an, die über die Ausgestaltung sozialer Strukturen und Infrastrukturen hinausgeht. Wir möchten eine Gesellschaft aufbauen, die der Bevölkerung eine hohe Lebensqualität ermöglicht.
- Wir streben nach Toleranz gegenüber fremden Völkern und Kulturen, womit nicht nur eine passive Akzeptanz gemeint ist. Wir wollen aktiv verbindende Interessen verfolgen, wobei wir auf den Werten aufbauen, die wir jenseits unserer Unterschiede gemeinsam haben.
- Wir streben nach Freiheit von Unterdrückung, Hunger und Elend, mithin nach einer umfassenderen Freiheit. Wir arbeiten darauf hin, dass jeder seine eigene Existenz aufbauen kann, und zwar durch Aktivitäten und einen Lebensstil, für die sie/er sich in eigener Verantwortung entscheiden kann.

- Und wir streben nicht zuletzt nach Humanität in unserem Tun und in unseren Entscheidungen – und wehren uns damit gegen einen abstrakten Humanismus. Unser vitaler Humanismus besteht darin, dass wir eine Daseinsform gewählt haben, die es allen Menschen auf diesem Planeten ermöglicht, gut zu leben.

Unsere Werte und Strebungen entstammen einer gemeinsamen Quelle: unserem Bewusstsein. Unter uns hat in den letzten beiden Jahrzehnten ein Bewusstseinswandel stattgefunden. Das neue Bewusstsein hatte zwar Vorläufer in der Vergangenheit, aber damals war es etwas, das ausschließlich bei Heilern, religiösen Führern, spirituellen Meistern, Künstlern und Philosophen anzutreffen war. Das ist nicht länger der Fall.

Vor der Weltwende betrachteten meine Eltern Empathie, Intuition und spontane Einsichten als etwas Esoterisches, von dem nur in der New-Age-Bewegung die Rede war. Sie waren überrascht, als sie sahen, dass immer mehr Kinder mit der Begabung für diese Eigenschaften geboren wurden. Diese Kinder wurden zunächst »Indigokinder« genannt, aber im Laufe der Zeit wurden die neuen geistigen Fähigkeiten zur Norm und nicht zur Ausnahme, und Einordnungen wie »Indigo« oder »New Age« wurden aufgegeben.

Das neue Bewusstsein steht in deutlichem Gegensatz zu dem engstirnigen egozentrischen und kopflastigen Bewusstsein des Industriezeitalters. Es ist ein transpersonales Bewusstsein, offen für andere Menschen und die Welt. Dieses Bewusstsein macht es uns möglich, uns mit jenem Element zu verbinden, das die Alten den Äther genannt haben und das die Wissenschaft heute wiederentdeckt und als Akasha-Feld bezeichnet. Es ist ein fundamentaler Aspekt des einheitlichen Feldes, das den kosmischen

Raum durchdringt. Weil dieses Energie- und Informationsfeld alle Dinge miteinander verknüpft, überschreiten wir, wenn wir uns damit verbinden, die engen Grenzen des Bewusstseins, das für das vorangegangene Zeitalter kennzeichnend war.

Dank unseres transpersonalen Akasha-Bewusstseins spüren und fühlen wir auf subtile und intuitive, aber doch bedeutsame Weise unsere Verbundenheit mit allen Dingen, seien sie groß oder klein, nah oder fern. Das inspiriert Solidarität unter uns Menschen und Empathie mit der Natur. Es hilft uns, Einklang in der Welt zu erzeugen. Dank unserer neuen Werte, unseres neuen Bewusstseins und der neuen Wege, Wissen zu erlangen und weiterzugeben, ist eine kritische Masse von Menschen zu tiefer Einsicht gelangt:

› Wir fühlen und wissen mit jeder Zelle unseres Körpers, dass wir keine voneinander getrennten Wesen sind, die unabhängig voneinander ihr Schicksal erfahren, sondern dass wir wechselseitig verbundene Elemente einer Wirklichkeit sind, die größer ist als jeder Einzelne von uns; es ist eine Wirklichkeit, die uns umfängt und uns zu einem Ganzen macht.
› Wir wissen und fühlen, dass wir alle – heute siebeneinhalb Milliarden Menschen – Bewohner dieser Erde sind, die das gleiche Recht auf den Genuss der lebenserhaltenden Ressourcen haben, aber auch die gleiche Verantwortung, diese für kommende Generationen zu bewahren.
› Wir haben erkannt, dass die Natur keine Maschine ist, die wir umbauen und ausbeuten können, sondern ein lebendes System, das uns hervorgebracht hat und ernährt. Außerdem ist uns klar, dass wir angesichts unseres Vermögens, die Natur auszubeuten und zu zerstören, zu deren Hütern und Bewahrern geworden sind.

- Wir sind davon überzeugt, dass es für jeden von uns unmoralisch ist, auf eine Weise zu leben, welche die Chancen aller anderen, ein Leben in Wohlbefinden und Würde zu leben, verringert.
- Wir glauben, dass die Allgemeine Erklärung der Menschenrechte, die unsere Vorfahren im 20. Jahrhundert formulierten – unter anderem das Recht auf Freiheit der Meinung und freie Meinungsäußerung, das Recht, unsere politische Führung zu wählen, das Recht auf eine Welt ohne Folter und willkürliche Einschränkung unserer persönlichen Freiheit sowie das Recht auf Nahrung, Obdach, Erziehung und bezahlte Arbeit –, für jeden Menschen in der globalen Gemeinschaft gültig ist und dass die Respektierung dieser Rechte Vorrang hat vor allen Erwägungen persönlichen, ethnischen und nationalen Eigeninteresses.
- Wir haben gelernt, dass der Weg zur Lösung unserer Probleme und Zwistigkeiten nicht Aggression ist, sondern Kooperation in Bereichen, die unser aller Interesse dienen.
- Wir haben gelernt, dass die beste Weise, Unstimmigkeiten und Streit zu überwinden, darin besteht, uns unseren Kontrahenten zu öffnen und zu erkennen, dass unsere Differenzen angesichts der grundlegenden Einheit der Menschheit belanglos und oberflächlich sind.

Wie wir heute handeln
Der Bericht eines jungen Gemeindeberaters

Die Ängste, die das erste Jahrzehnt dieses Jahrhunderts beherrschten – die Angst vor Terrorismus, bewaffneten Auseinandersetzungen, Hunger, einem ökologischen Zusammenbruch und der Invasion verzweifelter Migranten –, liegen hinter uns.

Das Kennzeichen unserer Welt ist Stabilität, und es ist nicht die rigide Stabilität, die von einer machtvollen Autorität aufgezwungen wird, sondern die Stabilität eines tragfähigen Netzwerks selbstständiger, aber kooperierender Kommunen, Bundesstaaten, Nationen und Föderationen von Nationen.

Diese Staaten, Nationen und Föderationen können frei ihre bevorzugten sozialen Strukturen und Wirtschaftssysteme wählen. Das erzeugt jedoch keine unüberwindlichen Konflikte. Wir haben die menschliche Gemeinschaft nicht in isolierte Einheiten zersplittert, die ihre eigenen Ziele ohne Rücksicht auf das Gemeinwohl verfolgen. Die vielen unterschiedlichen Nationen und Kulturen werden durch gemeinsame Werte und Ziele vereint. Es geht ihnen allen um die Schaffung einer Welt, in der alle Völker sicher und friedlich leben können, ohne einander und ihre das Leben erhaltende Umwelt zu zerstören.

Unsere Politik

Das System der selbstbezogenen Nationalstaaten des 20. Jahrhunderts wurde in ein transnationales System transformiert, das als eine Ordnung von administrativen Foren und Foren zur Beschlussfassung organisiert ist, von denen ein jedes seine eigene Kompetenzsphäre hat. Diese Foren haben beträchtliche Autonomie; die Foren auf den niederen Ebenen sind denen auf den höheren Ebenen nicht untergeordnet. Unser politisches System ist keine Hierarchie, sondern eine mehrstufige Struktur dezentralisierter Entscheidungsfindung. Es versucht den Widerspruch zwischen globaler Koordination und lokaler, regionaler und nationaler Autonomie zu überwinden.

Dieses vernetzte soziale, politische und wirtschaftliche System wird von vielfältigen Querverbindungen der Kommunikation und Kooperation durchzogen. Die Individuen gestalten und entwickeln ihre lokalen Kommunen gemeinsam. Diese Kommunen partizipieren an einem umfassenderen Netzwerk der Kooperation, das die Ebene der Nation einbezieht, sich aber nicht auf diese beschränkt. Die Nationalstaaten sind wiederum Teil von kontinentalen oder subkontinentalen sozialen und wirtschaftlichen Föderationen.

Globale Foren entscheiden über Fragen des Friedens und der Sicherheit, den Schutz der Umwelt, über Information und Kommunikation und die internationalen Finanzen. Das wichtigste Forum auf dieser Ebene ist die United People's Organization (UPO), eine Organisation, die die UNO abgelöst hat. Die UPO befolgt – wie auch alle anderen Organe, die Beschlüsse fassen – das wohlbekannte, aber zuvor selten respektierte »Subsidiaritätsprinzip«: Entscheidungen werden auf der niedrigsten Ebene, auf der sie wirksam sein können, getroffen. Die globale Ebene der UPO, also die global höchste Ebene der Beschlussfassung, ist zugleich die niedrigste Ebene, auf der Frieden und Sicherheit effektiv gewährleistet werden können, auf der für die globale Umwelt Sorge getragen und auf der der Fluss von Geld, Technologie und Information zwischen den Kontinenten geregelt werden kann. Die Entscheidung über alle anderen Bereiche der öffentlichen Ordnung wird an die Kommunen, Nationalstaaten und Föderationen von Nationalstaaten delegiert.

Die politischen Mitglieder der UPO sind regionale Föderationen von Nationalstaaten. Diese übergreifenden sozialen und wirtschaftlichen Institutionen erwuchsen aus der Erfahrung der Europäischen Union. Dazu gehören heute die Europäische Union, die Nordamerikanische Union, die Lateinamerikanische Union, die Nordafrikanisch-Mittelöstliche Union, die Sub-Sahara-Union Afrikanischer Staaten, die Zentralasiatische Union, die Süd- und Südostasiatische Union sowie die Australien-Japan-Pazifik-Union.

Die einzelnen Unionen konstituieren gemeinsam den Rat zur Friedenssicherung der UPO, der ein ähnliches Mandat hat wie der frühere Sicherheitsrat, doch ohne dessen zweischichtige Struktur, in der es nur einige ständige Mitglieder gab, die im Gegensatz zu den anderen ein Vetorecht hatten. Der Rat zur Friedenssicherung kommandiert die einzigen wesentlichen militärischen Streitkräfte der Welt: die Vereinigten Friedenssicherungstruppen. Die VFT, die aus Kontingenten aus den einzelnen Föderationen besteht, führt auf Anfrage der UPO und in Konsultation mit der Föderation, in der der Einsatz stattfindet, friedenserhaltende Maßnahmen durch.

Die United People's Organization ist nicht nur eine politische Organisation, sie hat auch Mitglieder aus der Zivilgesellschaft und der Wirtschaft. Zu den Mitgliedern aus der Zivilgesellschaft gehören Zusammenschlüsse der vielen tausend Nichtregierungsorganisationen (nach einigen Schätzungen sind es sogar über eine Million), die im sozialen, ökonomischen und im Umweltbereich tätig sind. Durch ihre Vertretungen in der UPO sind diese sogenannten NGOs (Non-Governmental Organizations) zu einem integralen Bestandteil der Entscheidungsgremien geworden, die Beschlüsse zur Nachhaltigkeit, Chancengleichheit und der verantwortungsbewussten Entwicklung unserer Kommunen fassen.

Ähnlich wie bei den Vertretern aus der Zivilgesellschaft, ist die Wirtschaft durch Zusammenschlüsse von Unternehmen der wichtigsten Industriezweige vertreten. Durch spezialisierte Agenturen für die Bereiche Finanzen, Produktion, Handel und Arbeitsmarkt, die aus der UNO übernommen wurden und die im Rahmen des ausgeweiteten Mandats der UPO reformiert wurden, verbindet die UPO die ihr angehörenden Wirtschaftsorganisationen mit den Repräsentanten der Kommunen, in denen sie operieren. Das hilft den Managern, gute öffentliche Beziehungen herzustellen und in beiderseitigem Einverständnis gestaltete Verhaltenskodizes zu erstellen; außerdem können sie so für alle Parteien vorteilhafte Verträge über Technologietransfer, Handel, Beschäftigung, Finanzen und den Schutz der Umwelt abschließen.

Eine Koordination auf globaler Ebene ist eine notwendige Voraussetzung für die Wiederherstellung der Lebensfähigkeit der Umwelt und des Gleichgewichts in der Zusammensetzung von Luft, Wasser und Böden. Letztlich geht es darum, die Integrität der regenerativen Zyklen der Biosphäre zu bewahren. In Anbetracht dieser Erfordernisse wurde die Welt-Umweltorganisation als Partner der UPO auf globaler Ebene geschaffen. Sie hat das Mandat, die Umweltprogramme der regionalen Föderationen zu koordinieren, und sie arbeitet eng mit Mitgliedern der UPO aus Politik, Wirtschaft und Zivilgesellschaft zusammen.

Die kontinentale und subkontinentale Ebene koordiniert die Beschlussfassung auf der nächsten subsidiären Ebene: der Ebene der Nationalstaaten. Die regionalen Föderationen bieten ein Forum für die Vertreter ihrer Mitgliednationen, auf dem sie ihre Belange diskutieren, Bereiche gemeinsamen Interesses erkunden und ihre politischen Ziele und sozialökonomischen Vorgaben planen können.

Die Aufgaben und Verantwortungsbereiche der Nationalstaaten haben sich nicht wesentlich verändert. Die nationalen Regierungen sind immer noch die hauptsächlichen Lenker der wirtschaftlichen und sozialen Belange ihres Landes. Die Staaten haben weiterhin ein nationales Finanzministerium, ein nationales Rechtssystem, eine nationale Polizei und ein nationales Gesundheitssystem. Doch die nationalen Institutionen operieren nicht auf der Basis absoluter Souveränität. Im Inneren sind sie mit den Verwaltungen der Städte und der ländlichen Regionen verzahnt, auf internationaler Ebene stimmen sie sich mit den Staaten ab, die zu ihrer jeweiligen Föderation gehören.

Unsere Wirtschaft

Die Nationalstaaten streben danach, ihre eigene Wirtschaft zu optimieren, indem sie das richtige Gleichgewicht zwischen den Marktkräften, der Wertschätzung der natürlichen Ressourcen und der Umwelt sowie der Sozialfürsorge finden. Einige Staaten gewähren ihren Bürgern ein Mindesteinkommen zur Deckung ihrer Grundbedürfnisse. Früher unbezahlte Arbeit – wie etwa die Führung eines Haushalts, die Fürsorge für andere und für die Umwelt oder der Eigenanbau von Nahrungsmitteln – wird als sozial und ökonomisch nützlich anerkannt. Darum müssen die Menschen in den meisten der heutigen Nationalstaaten nicht mehr miteinander kämpfen und mit anderen konkurrieren, um Lebensmittel, Obdach und eine grundlegende Erziehung für sich sicherzustellen. Sie können ihre Arbeit, ihre Berufung oder ihren Beruf frei von der Notwendigkeit wählen, um das bloße physische Überleben zu ringen.

Nachhaltigkeit in der Wirtschaft ist keine Utopie: Wir haben die grundlegenden Zielsetzungen der ökonomischen Aktivitäten verändert. Was immer die Unterschiede der von den einzelnen Staaten gewählten Wirtschaftssysteme sind, sie haben letztlich ein Ziel gemeinsam. Es geht nicht darum, immer mehr Reichtum anzuhäufen, sondern die Zukunftsfähigkeit ihrer Bevölkerung und ihrer Kommunen zu sichern.

Ein wichtiger Wandel betrifft unseren Gebrauch natürlicher Ressourcen. Wir versuchen im Sinne des »natürlichen Einkommens« und nicht des »natürlichen Kapitals« zu leben. Das natürliche Kapital besteht aus den akkumulierten Reichtümern der Welt, die verwendet und aufgebraucht werden wie die fossilen Brennstoffe. Die Menschen haben bereits vor 2012 entdeckt, dass das Wirtschaftssystem bankrott geht, wenn dieses Kapital erschöpft ist – es ist nicht nachhaltig. Das natürliche Einkommen dagegen umfasst alle natürlichen Ressourcen, die erneuerbar, ergänzbar und recycelbar sind. Der Gebrauch solcher Ressourcen lässt sich unbegrenzt verlängern. Eine Wirtschaft, die darauf basiert, ist zukunftsfähig.

Was die menschlichen Ressourcen angeht, besteht das Ziel nicht darin, die Produktivität des Einzelnen zu steigern und mit so wenig menschlichen Arbeitskräften auszukommen wie möglich. Die Manager versuchen nicht, das Maximum aus jeder Arbeitskraft, aus jedem Kilogramm Material und aus jeder Kilowattstunde herauszupressen. Stattdessen bemühen sie sich, Produktionsprozesse zu gestalten, die den lokalen Arbeitskräften einen Lebensunterhalt verschaffen. Sie verwenden in ihren Produkten den geringstmöglichen Anteil von nicht-erneuerbaren Materialien, vergrößern den an erneuerbaren und recycelbaren und geben mehr Informationen über die hergestellten Waren und die Unternehmensziele heraus als früher.

Dank der effizienten Verwendung von Ressourcen, einer Reduzierung des Mülls und eines einfacheren Lebensstils der Menschen nähert sich der ökologische Fußabdruck dem nachhaltigen Erdanteil. Der ökologische Fußabdruck der Städte hat sich ebenfalls verringert, auch wenn sie von den natürlichen Ressourcen ihrer Umgebung abhängig bleiben.

Die Wirtschaft ist kein getrennter »Privatsektor« mehr, da

die Unternehmen zu funktionalen Teilen der Kommunen geworden sind, in denen sie angesiedelt sind. Wie es bereits einige Großunternehmer zu Anfang des 20. Jahrhunderts taten, betrachten die Manager sich heute als Gestalter der Gesellschaft. Sie bemühen sich, die Diskrepanz zwischen Effizienz, Profitabilität und ökonomischer Dynamik einerseits und Solidarität, Gerechtigkeit und Nachhaltigkeit andererseits zu überwinden. Sie wählen die Produkte und Dienstleistungen, die sie auf den Markt bringen, in Absprache mit ihren Klienten und Kunden sowie mit ihren Angestellten und Partnern aus.

Produktions- und Marketingentscheidungen werden nicht nur im Hinblick auf wirtschaftlichen Erfolg getroffen, sondern auch unter dem Gesichtspunkt einer möglichst geringen Auswirkung auf die Umwelt, der Zufriedenheit der Angestellten sowie unter dem Aspekt der Nützlichkeit. Vorrangig geht es nicht mehr darum, den Wert für die Shareholder unter Ausbeutung aller verfügbaren Ressourcen zu erhöhen, sondern soziale und ökologische Verantwortung für die Stakeholder zu übernehmen.

Die Bewertung und der Gebrauch von Geld haben sich verändert. Staaten, Unternehmen und die Menschen benutzen Geld, um ihre Geschäfte abzuwickeln, aber sie schätzen dessen Anhäufung nicht als Selbstzweck. Geld ist einfach ein Mittel, um das zu erreichen, was sie eigentlich erreichen wollen, es ist kein Wert an sich.

Dank der Art und Weise, wie wir das Geld benutzen, wurde die dem weltweiten Finanzsystem innewohnende Instabilität überwunden. Die schwere Krise 2008 markierte das Ende des neoliberalen Glaubens an permanentes Wachstum auf der Basis einer exponentiell steigenden Gesamtkapitalrentabilität. Als die Krise des Finanzsektors weltweit eine Rezession auslöste, wurden viele Versuche unternommen, die globale Wirtschaft einschließlich des Finanzmarkts zu reformieren. Nach einem Jahrzehnt der Experimente führte dies zu einem System von lokalen, regionalen, nationalen und globalen Währungen, in dem man die Funktion des Geldes als Mittel des Handels und nicht als Mittel zur Erzeugung von Reichtum für seine Besitzer verstärkte.

In diesem 2020 eingeführten Währungssystem werden der US-Dollar, der Euro und andere nationale Währungen nicht mehr als globale Zahlungsmittel verwendet. Stattdessen gibt die UPO eine Weltwährung aus, den Gaia, und zwar auf der Basis des menschlichen und nicht des finanziellen Kapitals einer Föderation, also auf Grundlage der Größe ihrer Bevölkerung und nicht der Größe der Staatskassen. Die Föderationen haben ihre jeweils eigenen Währungen, die sie für den Zahlungsverkehr ausgeben und die sie durch Steuern wieder einnehmen. Diese Währungen werden für den Handel zwischen den Mitgliedsstaaten der Föderationen benutzt. Der Gaia ist dem Geldtransfer zwischen den einzelnen Föderationen vorbehalten.

Außerdem existiert eine ganze Reihe von lokalen und regionalen Währungen – etwa für Gesundheitsdienste, Erziehung, Sozialfürsorge und Kultur. Sie funktionieren über das Internet oder machen Gebrauch von den Technologien wie Chip-Karten für den elektronischen Zahlungsverkehr. Hierdurch haben auch die am wenigsten entwickelten Volkswirtschaften die Marginalisierung und die Abhängigkeit von der Ökonomie der Industrieländer und von den globalen Finanzströmen überwunden.

Das diversifizierte, aber doch innerlich vernetzte Währungssystem, das auf der Handelsfunktion des Geldes basiert und nicht auf seiner Fähigkeit, Zinsen einzubringen, stellt sicher, dass der globale Reichtum nicht an eine gesellschaftliche Minorität umverteilt wird. Es macht Schluss mit den profitmotivierten Spekulationsblasen und einer Inflation der nationalen Währungen. Es erweist sich als ein effektiver Mechanismus zur Abpufferung gegen Krisen und Instabilitä in der globalen Wirtschaft.

Unsere Technologien

Wir glauben, dass man die Technologie – ebenso wie das Geld – nicht um ihrer selbst willen wertschätzen sollte, sondern vielmehr für das, was sie für die Menschen und die Gesellschaft zu leisten vermag. Zuerst und vor allem ist sie ein Werkzeug zur Sicherung des Gemeinwohls und zur Verbesserung der Lebensqualität.

Die Technologien, die wir verwenden, sind zum größten Teil weiter entwickelt als die des frühen 21. Jahrhunderts; aber nicht alle, die verfügbar wären, werden tatsächlich angewendet. Der soziale Nutzen und die Umweltfreundlichkeit sind bei der Entscheidung für oder gegen eine bestimmte Technologie wichtige Faktoren. Technologien sollen das produzieren, was nötig und förderlich ist, ohne unerwünschte Nebenwirkungen zu erzeugen. Vorrangigstes Ziel ist es, die Emissionen und die Negativauswirkungen auf die Umwelt gegen null zu reduzieren.

Zu diesem tief greifenden Wandel kam es nach 2012, als Reaktion auf die Nachwirkungen der Konflikte und Kriege im frühen 21. Jahrhundert, die immer mehr eskalierten. Ende 2012 erkannten die Regierungen der Welt, dass es keine verlässlichen Maßnahmen gab, um zu verhindern, dass Technologien, die eigentlich zur Verteidigung gedacht waren, mit verheerenden Konsequenzen zum Angriff benutzt wurden. Da es sich in den darauf folgenden Jahren nicht durchsetzen ließ, die Massenvernichtungswaffen aller Staaten zu eliminieren, ordneten die Mitglieder der United People's Organization die weltweite Abrüstung an, wobei die Föderationen mit deren Ausführung beauftragt wurden. Deshalb konzentriert sich die Forschung und Entwicklung heute nicht mehr darauf, noch wirksamere Vernichtungswaffen zu produzieren, sondern effektive und verlässliche Wege zu finden, um sicherzustellen, dass solche Waffen von keinem Unternehmen und keinem Staat in der Welt hergestellt werden.

Auch bei der zivilen Verwendung von Waffen ist es zu einer deutlichen Deeskalation gekommen. Aufgrund verbesserter sozialer Bedingungen und einer gerechteren Weltwirtschaft hat die Zahl der Gewaltdelikte ein niedriges Niveau erreicht. Es gibt insgesamt weniger Feindseligkeit und Hass. Die generelle Unzugänglichkeit von Handfeuerwaffen und anderen Waffen hat dazu geführt, dass es seltener zu Bandenkriegen, Mord, Raub und Vergewaltigung kommt, und auch die organisierte Kriminalität und die von Einzeltätern sind zurückgegangen. Darum sind heute keine bewaffneten Polizisten mehr erforderlich. Mit Ausnahme von Spezialkräften sind sie ähnlich ausgestattet wie die englischen Polizeibeamten des 20. Jahrhunderts: mit Gummiknüppeln und Handschellen, wobei in estimmten Fällen solche Taser (Elektroschockpistolen) eingesetzt werden, mit denen sich eine Person auf nicht gesundheitsschädliche Weise vorübergehend außer Gefecht setzen lässt. Hochsicherheitsgefängnisse existieren übrigens auch nicht mehr.

Die wichtigsten technologischen Fortschritte hat es bei der Energieerzeugung gegeben. Angesichts der problematischen Entsorgung von Atommüll benutzen wir heute sehr viel weniger Kernkraftwerke, auch wenn diese in städtischen und industriellen Ballungsgebieten noch in Gebrauch sind. Die Verwendung von fossilen Brennstoffen wurde ebenfalls drastisch reduziert. Der größte Teil unserer Energie wird heute von Privathäusern und öffentlichen Gebäuden erzeugt, und zwar durch Photovoltaik- und Solarthermieanlagen. Größere Kraftwerke gewinnen Energie aus Wasserkraft, Wind und Geothermie.

Unser Eintritt in das »Solarzeitalter« hat uns nicht nur Möglichkeiten einer praktisch unbegrenzten Energiegewinnung ohne die Verschmutzung von Luft, Böden und Wasser eröffnet, sondern er hilft auch, die Weltwirtschaft wieder ins Gleichgewicht zu bringen, da die Sonneneinstrahlung überall auf der Erde verfügbar und in den tropischen und subtropischen Regionen, wo die weniger industrialisierten Wirtschaftsräume konzentriert sind, besonders intensiv ist.

Wir achten sehr darauf, bei den Agrartechnologien die richtigen Entscheidungen zu treffen. Wir vermeiden stark mechanisierte Lösungen im großen Stil und ziehen kleinere und lokale Erzeugungssysteme vor, die in der Lage sind, auf die biologische Artenvielfalt Rücksicht zu nehmen und die ohne den Gebrauch von Chemikalien gesunde Nahrungsmittel produzieren. Wir sind uns bewusst, dass der menschliche Körper ein Teil der Natur ist und dass natürliche Lebensmittel am besten geeignet sind, seine Gesundheit und Vitalität zu gewährleisten.

Wir züchten nicht Millionen Kühe und Schweine zum Zweck der Schlachtung, damit reichlich Fleisch auf unseren Tisch kommt. Wir betrachten eine solche Praxis vielmehr als moralisch verwerflich, denn sie ist eine unverantwortliche Verschwendung von Wasser, Energie und fruchtbarem Land, auf dem man pflanzliche Nahrungsmittel für Menschen anbauen kann, statt Viehherden zu halten. Gerade die Viehzucht sorgt für hohe Kohlendioxidemissionen.

Unsere Landwirtschaft produziert nicht nur Lebensmittel, sondern ist auch eine Energiequelle und Lieferant von Rohstoffen für die Industrie. Wir bauen Pflanzen zur Gewinnung von Treibstoffen an, ohne die Produktion der für die Menschen notwendigen Grundnahrungsmittel zu vernachlässigen. Hanf und andere Pflanzen werden als erneuerbare Rohstoffe für die Herstellung von Papier, Textilien und Öl angebaut, aber auch für die einiger biologisch abbaubarer Formen von Plastik.

Eine zentrale Zielsetzung ist die ausreichende Versorgung aller Staaten und Kommunen mit sauberem Wasser. Verbesserte Entsalzungstechnologien, die ihre Energie aus Sonne, Wind und Gezeiten beziehen, verwandeln Meer- in Trinkwasser.

Unsere Transporttechnologien zielen darauf ab, die nötige Mobilität mit den Anforderungen der persönlichen Sicherheit und der allgemeinen Gesundheit zu vereinbaren. Das ist heute weniger ein Problem als noch zur Jahrtausendwende, weil die Betonung lokaler Selbstversorgung und regionaler Autonomie die Notwendigkeit, Menschen und Güter über weite Entfernungen zu befördern, verringert hat. In dieser Hinsicht war der große Wert, den wir der Erhaltung einer gesunden Natur beigemessen haben, ein wichtiger Faktor. Uns ist dadurch bewusst geworden, dass wir Energie, selbst wenn sie erneuerbar ist, mit Bedacht benutzen müssen und dass Transportsysteme unweigerlich eine negative Auswirkung auf die Umwelt haben. Diese Auswirkungen wurden durch den Gebrauch von sauberen, erneuerbaren Energien wie flüssiger Wasserstoff, Elektrizität, pflanzliche Treibstoffe, Brennstoffzellen und Druckluft sowie von verschiedenen Techniken von Hybridmotoren begrenzt; dennoch lassen sie sich noch nicht ganz vermeiden.

Unsere Kommunikationstechnologien haben sich ebenfalls weiterentwickelt, auch wenn sie sich nicht substanziell von denen vor 2012 unterscheiden. Die Hardware ist noch kleiner, günstiger und leistungsfähiger geworden, und die Software ist stärker an die Bedürfnisse der Menschen angepasst. Computer sind in vielen Bereichen des täglichen Lebens und der Arbeitswelt im Einsatz. Sie machen eine Reihe von Arbeiten überflüssig und erleichtern andere, aber sie haben unser Dasein nicht auf eine Weise revolutioniert, wie es von Futurologen und Science-Fiction-Autoren vorausgesagt wurde. Wir leben immer noch auf der Erde in menschlichen Gemeinschaften und im Schoße der Natur. Und wir benutzen unsere Technologien dazu, unseren Lebensstil zu verbessern und ihn nachhaltiger zu gestalten.

Fortschritte im Bereich der Gesundheitstechnologien tragen darüber hinaus zu unserer Lebensqualität bei. Invasive medizinische Techniken wurden auf die Behandlung von Geburtsfehlern, Unfallverletzungen und schweren Krankheiten beschränkt. In den meisten anderen Fällen benutzen wir vorwiegend sanftere und ganzheitlichere Heilmethoden. Wir bevorzugen das Konzept der »Salutogenese«, der Bewahrung der Gesundheit durch Vorsorge anstelle der Verschreibungen von chemischen Hilfsmitteln, die erst heilen sollen, wenn bereits akute Krankheiten vorliegen. Das setzt voraus, dass wir den Menschen als Ganzheit von Körper und Geist verstehen sowie als Teil der Gesellschaft, der Kultur und der Umwelt.

Techniken und Technologien, die das innere Wachstum fördern, gehören zu diesem holistischen Ansatz der Gesundheitsfürsorge. Diese »sanften Technologien« kombinieren traditionelle Praktiken wie die Meditation mit Biofeedback, EEG-Analyse und anderen hochmodernen biomedizinischen und psychophysischen Methoden. Sie sind heute ein anerkanntes Instrument des persönlichen Wachstums und der inneren

Entwicklung und werden von großen Teilen der Bevölkerung akzeptiert und angewendet.

So sieht unser Wachstum heute aus

Ein gemeinsamer Schlusskommentar des Gemeindeberaters und der Lehrerin

Wenn Sie uns fragen, was die wichtigste Errungenschaft der Welt von 2032 ist, dann ist unsere Antwort: dass wir gelernt haben, friedlich und nachhaltig zu leben und zu wachsen. Wachstum ist eine grundlegende Eigenschaft des Lebens sowie ein sinnvolles Bestreben des Menschen und aller anderen Spezies. Aber auf einem kleinen Planeten sind nicht alle Formen des Wachstums positiv und moralisch zulässig. Wahlloses Wachstum führt zu Konflikten und kann Konfrontationen auslösen. Wir haben gelernt, auf bessere Weise zu wachsen.

Extensives Wachstum

Während des größten Teils der Geschichte der Menschheit ist diese auf falsche Weise gewachsen. Die Konsequenzen wurden allerdings erst im 20. Jahrhundert offensichtlich und nahmen zu Beginn des 21. Jahrhunderts dramatische Formen an. Frühere Generationen wuchsen horizontal und breiteten sich so durch Eroberung und Kolonisierung auf der Oberfläche des Planeten aus. Dies bezeichnet man als *extensives* Wachstum. Das Hauptziel dabei war, die eigene Herrschaft über immer größere Teile des Planeten auszudehnen.

Traditionell wurde zur Verwirklichung extensiven Wachstums das Mittel der Eroberung eingesetzt: die Eroberung der

Natur und die Eroberung anderer, schwächerer oder weniger auf Macht und Herrschaft bedachter Völker. Erfolgreiche Eroberung führte zur Kolonisierung von Stämmen, Städten, Nationen und Imperien, die den Zielsetzungen und Interessen der Eroberer unterworfen wurden. Über Jahrhunderte basierte Eroberung auf Waffengewalt. Seit der zweiten Hälfte des 20. Jahrhunderts wurde sie auch mit wirtschaftlichen Mitteln betrieben: Reiche Staaten und multinationale Unternehmen benutzten ihre finanzielle und ökonomische Macht, um immer größeren Teilen der Erdbevölkerung ihren Willen und ihre Werte aufzuzwingen.

Für Staaten war extensives Wachstums gleichbedeutend mit der Ausdehnung territorialer Herrschaft, einschließlich der Herrschaft über menschliche und natürliche Ressourcen. Es gehörte zu den Zielen aggressiver und unethisch agierender Staaten, mit Waffengewalt Gebiete von Nachbarstaaten zu erobern und zu annektieren. In Entsprechung dazu war es das erklärte Ziel von Großunternehmen, ihren Einfluss über Menschen, Staaten und Ressourcen auszudehnen.

Die Ziele des extensiven Wachstums lassen sich mit drei Begriffen zusammenfassen: *Eroberung, Kolonisierung und Konsum.* Extensives Wachstum konzentrierte den Reichtum in immer weniger Händen. Es destabilisierte und zerstörte hergebrachte soziale Strukturen und traditionelle Kulturen und beeinträchtigte auf lebensgefährliche Weise das ökologische Gleichgewicht.

Intensives Wachstum

Es gibt eine bessere Weise zu wachsen. Statt extensiv zu wachsen, können wir uns für das intensive Wachstum entscheiden.

Die Ziele intensiven Wachstums lassen sich ebenfalls mit drei Schlüsselwörtern zusammenfassen: Verbindung, Kommunikation, Bewusstsein.

Zu den großen Mythen des Industriezeitalters gehörte jener von der Getrenntheit der einzelnen Völker. Dies wurde durch die Weltanschauung der klassischen Physik legitimiert. Die Menschen schienen selbstständige, voneinander unabhängige Klumpen organischer Materie zu sein, die, ähnlich wie die Massepunkte Newtons, nur oberflächlich miteinander und mit der Umwelt verbunden waren. Heute wird diese Sichtweise nicht mehr von der Physik gestützt. Wir wissen, dass jedes Partikel mit jedem anderen Partikel im gesamten Universum verbunden ist und dass alle Organismen in der ganzen Biosphäre durch das Netzwerk des Lebens miteinander vereint sind.

Die Verbindungen, die die Menschen miteinander und mit der Natur vernetzen, können wachsen und sich entwickeln. Eines der Ziele des intensiven Wachstums ist, diesen Prozess zu ordnen und zu fördern und dadurch Einklang und Kohärenz anstelle von ungeordneter Ausdehnung zu erzeugen.

Das zweite Ziel intensiven Wachstums ist, ebenso wie das dritte, mit dem ersten verknüpft. Das zweite Ziel besteht darin, den Grad der Verbundenheit durch die Förderung von Kommunikation zu erhöhen, und das dritte ist die fortgesetzte Evolution unseres Bewusstseins. Das volle Potenzial der menschlichen Kommunikation kann sich erst dann entfalten, wenn die Kommunizierenden das, was sie miteinander vereint, auch verstehen.

Die Wissenschaft hat gezeigt, dass wir durch das einheitliche Feld miteinander und mit der Natur verbunden sind, durch ein kosmisches Energie- und Informationsfeld, das an das uralte Akasha-Konzept erinnert. Wir haben herausgefunden, dass man ein entwickeltes Bewusstsein braucht, um Zugriff auf dieses Feld zu bekommen und die subtilen, aber realen Kommunikationsstränge, durch die wir miteinander und mit dem Kosmos verbunden sind, zu erfahren. Die Evolution und Ausbreitung eines Akasha-Bewusstseins hat uns geholfen zu wachsen, ohne Konflikte zwischen Völkern und Kulturen zu erzeugen und der Umwelt zu schaden.

Einsichten für uns Heutige

Es ist an der Zeit, Schlussfolgerungen zu ziehen. Was haben wir aus unserem visionären Gedankenexperiment gelernt?

Die wichtigste Erkenntnis, die wir gewonnen haben, ist, dass bis zum Jahr 2032 neue Werte und ein neues Bewusstsein entstehen könnten, wenn wir bis 2012 eine Weltwende herbeiführen würden. Zwei Jahrzehnte nach einer solchen Wende könnten sich bei einer neuen Generation von motivierten Menschen kooperative Werte und ein transpersonales Bewusstsein durchgesetzt haben, wodurch endlich ein tragfähiges Fundament für Frieden und Nachhaltigkeit in der Welt gelegt würde.

Ein Wandel der Werte und des Bewusstseins verändert die Art und Weise, wie Menschen mit sich selbst und mit der Umwelt umgehen. Eine Gesellschaft, in der die Menschen ihrer Verbindungen miteinander und mit der Natur gewahr sind, würde die Chancen der Menschheit auf Überleben und Wachstum enorm vergrößern. Eine solche Gesellschaft wäre sehr viel umfassender, denn Menschen verschiedener ethnischer Gruppen und Religionen würden zusammen nach dem Gemeinwohl streben. Grundlegend wäre der Gedanke der Mitbestimmung; alle gesellschaftlichen Gruppierungen würden an dem Entscheidungsprozess, der über ihr Leben bestimmt, teilhaben. Eine solche Gesellschaft wäre auch vorausschauender, weil sie die Tragfähigkeit heutiger Beschlüsse im Hinblick auf ihre künftigen Auswirkungen auf die Menschen und die Umwelt abschätzen würde – und zwar nicht nur für das nächste und übernächste Jahr, sondern über eine Spanne von mehreren Generationen.

Es ist – im Prinzip – möglich, eine nachhaltige, zukunftsfähige Welt zu gestalten. Ob wir sie tatsächlich erschaffen, hängt von dem ab, was wir heute tun. Es hängt davon ab, ob wir unser Bewusstsein weiterentwickeln und beginnen, uns bewusst und rechtzeitig zu verändern.

7
DIE HEIMKEHR

Ein Credo

Die egozentrischen Werte und das materialistische Bewusstsein, die die Welt während der vergangenen beiden Jahrhunderte beherrschten, haben uns in eine globale Notsituation gebracht. Doch diese Werte und dieses Bewusstsein sind kein festgeschriebener Zug der menschlichen Natur – sie sind vielmehr eine Verirrung. Für den größten Teil der zwanzig- oder dreißigtausend Jahre, in denen unsere Spezies sich kulturell und bewusstseinsmäßig entwickelte, haben die Menschen ihre Interessen nicht rein materialistisch definiert, und sie sahen sich auch nicht als getrennt von der Welt, die sie umgab. Sie lebten in der Überzeugung, dass es in dieser Welt mehr gibt als nur Materie und materielle Besitztümer, dass die Welt eins und der Mensch ein Bestandteil von ihr ist.

Die radikale Trennung des denkenden und fühlenden Menschen von der nicht denkenden und fühlenden Welt wurde erst in der Moderne vollzogen, und zwar vor allem im Abendland. Sie führte zu einer hemmungslosen Ausbeutung der Natur durch die denkende und fühlende und deshalb überlegene menschliche Spezies.

Menschen von tiefer Einsicht, ob es nun Künstler, Dichter, Mystiker oder Naturwissenschaftler waren – etwa Giordano

Bruno, Leonardo da Vinci, Galileo Galilei, Isaac Newton oder in moderner Zeit Albert Einstein –, haben die beschränkte anthropozentrische Sichtweise nie akzeptiert. Sie gaben ihrer Überzeugung, dass die Welt um uns herum im Wesentlichen ein integriertes Ganzes ist, auch wenn sie uns in vieler Hinsicht ein Geheimnis bleibt, beredten Ausdruck.

Heute hat die Naturwissenschaft entdeckt, dass das Universum in der Tat ein vernetztes Ganzes ist. Jene die Zeit und den Raum transzendierende Verbundenheit, die auf der submikroskopischen Ebene der Quanten besteht, findet sich auch auf der alltäglichen Ebene der Lebenden und sogar im gesamten Kosmos. Sie macht aus den Organismen, ökologischen Systemen, der gesamten Biosphäre und dem Universum selbst etwas unmittelbar und multidimensional Zusammenhängendes.

Die Wissenschaftler haben auch entdeckt, dass unsere Verbindungen miteinander eine handfeste physische Grundlage haben. Die Fürsorge für andere steht durchaus nicht im Widerspruch zur menschlichen Natur, sondern ist integraler Bestandteil dieser Natur. Dies wurde durch die Entdeckung der Spiegelneuronen genannten Nervenzellen in unserem Gehirn bestätigt. (Zuvor hatte man aufgrund der Beobachtung von Primaten und der Forschung mit Magnetresonanztomografie nur vermutet, dass es so etwas geben müsse.) Die Spiegelneuronen feuern nicht nur, wenn wir selbst etwas tun oder erfahren, sondern auch, wenn andere um uns herum etwas tun oder erleben. Wenn man sieht, wie eine andere Person trauert oder sich freut, so löst das in unserem eigenen Gehirn ebenfalls Trauer oder Freude aus. Mitgefühl und Einfühlungsvermögen sind also nicht nur ein frommer Selbstbetrug, sie sind vielmehr in die Struktur unseres Nervensystems eingebaut. Das ist auch nicht weiter verwunderlich, denn wäre unser Gehirn nicht so vernetzt, dass wir uns mit den Gefühlen und Erfahrungen anderer verbinden können, dann hätte sich niemals ein Leben in größeren Gemeinschaften entwickelt – wir würden immer noch als nur an sich selbst interessierte Banden umherziehen und miteinander um Ressourcen und das Überleben kämpfen.

Heute dämmert den Menschen die Einsicht, dass alle Dinge auf subtile, aber effektive Weise auf alle anderen Dinge eingestimmt sind und in mancher Hinsicht als Einheit agieren. In den religiösen und spirituellen Traditionen der Welt ist dies bereits seit Jahrtausenden bekannt. In der Religion und der Spiritualität gehören »Liebe« und »Einheit« zu den Schlüsselbegriffen, während für die Naturwissenschaftler heute »Verbundenheit« und »Kohärenz« zentrale Begriffe sind. Unter dem Strich mag damit dasselbe gemeint sein. Es besteht eine Verbundenheit (»Liebe«) zwischen allen Partikeln, Atomen und Galaxien im Universum, und die Kohärenz (»Einheit«), die das mit sich bringt, liegt allen Prozessen der Evolution zugrunde. Es gibt im Grunde keine Evolution einzelner Bereiche in diesem Universum, nur eine Ko-Evolution, und zu einer Ko-Evolution kann es nur kommen, wenn die sich entwickelnden Partner in Einklang, wenn sie miteinander verbunden und kohärent sind.

Mit den Neuentdeckungen der Wissenschaft, die eigentlich Wiederentdeckungen sind, gelangen wir zu einer anderen Vorstellung von dem, was wir sind. Wir sind keine hautumschlossenen materiellen Einheiten in einem riesigen, einer Maschine gleichenden Universum, sondern miteinander vernetzte organische Elemente eines lebendigen Kosmos. In uns hat die Neigung der Natur zu Struktur, Ordnung und Kohärenz einen in unserem Teil der Galaxis beispiellosen Höhepunkt erreicht, und erst in den letzten paar Jahrhunderten unterdrückte die Zivilisation unseren natürlichen Hang zur Empathie und Kohärenz zugunsten von egozentrischen materiellen Interessen. Wir sind vielleicht nicht die einzige oder gar die am höchsten entwickelte Form von Leben im Kosmos, doch trotz all unserer Torheiten und Fehler sind wir doch eine bemerkenswert weit entwickelte Form. Unser außerordentlich differenziertes Gehirn und unser Bewusstsein sind Augen, durch die das Universum sich selbst erkennen kann.

Es ist ein einzigartiges Privileg, die menschliche Form von Bewusstsein zu besitzen, aber das bringt auch eine einzigartige Verantwortung mit sich. Dieses Bewusstsein macht es uns möglich, uns in der kosmischen Ordnung der Dinge wiederzuerkennen, und es legt uns die moralische Pflicht auf, das auch zu tun. Wenn wir uns unseres Platzes im Universum bewusst werden, dann wissen wir auch um unsere Rolle und unsere Mission – nämlich wahrhaft eins zu sein mit der Welt, deren integraler Bestandteil wir sind.

Wir dürfen nicht zulassen, dass das Auge des Kosmos, das sich durch uns geöffnet hat, sich wieder schließt. Es muss offen bleiben und an Tiefe und Klarheit gewinnen. Wir können und müssen dem Potenzial einer Spezies, die ein hoch entwickeltes Bewusstsein besitzt, gerecht werden, indem wir Liebe und Verbundenheit, Kohärenz und Einheit in der Welt und mit der Welt verwirklichen. Wir können zu dieser Erde und dem Universum heimkehren – und heute ist es so weit, dass wir es tun *müssen*.

»EIN OPTIMISTISCHES GEGENSTÜCK ZU ALL DEN APOKALYPTISCHEN PROPHEZEIUNGEN«

Tom Brooks, BBC World

Der Bestsellerautor und Journalist Daniel Pinchbeck begibt sich auf die Suche nach einem neuen Denken, das archaische Weisheit mit moderner Wissenschaft vereint. Denn das Jahr 2012 wird keinen Zusammenbruch unserer Gesellschaft einläuten, wie apokalyptische Prophezeiungen proklamieren, sondern die Geburt einer globalen nachhaltigen Kultur: Zusammenhalt statt Wettbewerb. Das Wertschätzen von Geist und Seele wird den nutzlosen Materialismus ablösen, der unsere Welt an den Rand des Abgrunds getrieben hat. Dass das Wissen und Know-how für den Wandel im Geistigen sowie ganz pragmatisch u. a. in Städtebau, Landwirtschaft, Energieversorgung und Mobilität bereits vorhanden sind, zeigt Daniel Pinchbeck im Gespräch mit wissenschaftlichen wie spirituellen Vordenkern, Architekten, Ökonomen, Erfindern, Öko-Unternehmern und Prominenten wie Sting oder David Lynch.

DVD, 80 Minuten
19,95 € (D)
ISBN 978-3-942166-29-4

DAS BUCH DER LÖSUNGEN FÜR DIE PROBLEME UNSERER WELT

Sie haben, was die Welt braucht: konkrete Rezepte für die Probleme unserer Welt. Die wahren Visionäre unserer Zeit setzen ihr Wissen mutig gegen alle Hindernisse und verkrusteten Weltbilder durch. Martin Häusler hat 14 Wissenschaftler, Künstler, Philosophen, Umweltaktivisten und Heiler getroffen, die nicht nur eine Vision haben, sondern diese auch umsetzen. Es sind Porträts entstanden, die von Auswegen aus der Krise erzählen und in ihrer Innovationskraft unser altes Weltbild in den Grundfesten erschüttern. Sei es Han Shan, der vom Multimillionär zum Bettelmönch wurde, der Philosoph Ervin Laszlo oder das Wunderkind Bilaal Rajan.

www.diewahrenvisionaere.de

416 Seiten, broschiert
12,95 € (D) / 13,40 € (A) / 20,50 sFr
ISBN 978-3-942166-53-9